mi bebé
y yo

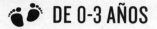 **DE 0-3 AÑOS**

MARTHA GIVAUDAN • DELIL ATHIÉ

mi bebé
y yo

Herramientas para que
madres, padres, abuelos y cuidadores
fortalezcan sus vínculos afectivos

alamah

Mi bebé y yo: 0 a 3 años

Primera edición: abril de 2016

D. R. © 2015, Martha Givaudan / Delil Athié

D. R. © 2016, derechos de edición mundiales en lengua castellana:
Penguin Random House Grupo Editorial, S.A. de C.V.
Blvd. Miguel de Cervantes Saavedra núm. 301, 1er piso,
colonia Granada, delegación Miguel Hidalgo, C.P. 11520,
México, D.F.

www.megustaleer.com.mx

D. R. © 2016, Penguin Random House / Amalia Ángeles, por el diseño de cubierta
D. R. © Thinkstock, por las fotografías de portada

ISBN: 978-607-31-4210-6

Impreso en México – *Printed in Mexico*

El papel utilizado para la impresión de este libro ha sido fabricado a partir de madera procedente
de bosques y plantaciones gestionadas con los más altos estándares ambientales, garantizando
una explotación de los recursos sostenible con el medio ambiente y beneficiosa para las personas.

Índice

Introducción

PARA TI, MAMÁ DE UN BEBÉ:

Durante el embarazo la mujer atraviesa por muchos cambios no sólo en su cuerpo, sino en el proceso interno de preparación para ser mamá. Ser mamá no significa dejar de ser persona, abandonar nuestros intereses, necesidades y planes. Ser mamá es una fase muy especial dentro de un proyecto de vida; implica un gran compromiso y responsabilidad, algunas veces compartida con una pareja; en otras ocasiones no.

Ser mamá representa un cambio que puede vivirse de muchas maneras, de acuerdo con la situación en que se dé el embarazo, la estructura familiar, los apoyos con que se cuente y las propias características personales. Ser mamá es una oportunidad para continuar el desarrollo como persona; seguir aprendiendo día con día con el bebé y construir una relación que será fundamental en el desarrollo personal y en la interacción tanto de la mamá como del bebé.

En el proceso de prepararnos para ser mamás podemos darnos cuenta de que carecemos de información o de que tenemos problemas personales y emocionales que interfieren en nuestro nuevo rol. Darnos cuenta de nuestras necesidades, buscar información y pedir ayuda contribuye a vivir y disfrutar esta etapa de la mejor manera, creciendo como personas y formando hijos sanos y felices.

El primer paso para estar bien como mamás es estar bien con nosotras mismas. Se dice que "uno no puede dar lo que no tiene", por lo que es necesario pensar primero en uno mismo como persona; si nosotros estamos bien será más probable que nuestra familia también lo esté y podamos relacionarnos con nuestro bebé con disposición, amor, paciencia y empatía, además de contar con información actualizada que nos ayude a cuidar su salud y favorecer su desarrollo.

Los primeros 3 años de vida son fundamentales para el desarrollo integral de un bebé. Muchas veces el bebé es cuidado por el papá, familiares u otras personas. En este libro, tanto mamás como cuidadores, encontrarán respuestas a muchas preguntas, las cuales se ofrecen de manera fácil y práctica.

Este libro fue realizado gracias al apoyo brindado por Fundación Bernard Van Leer (Grant/mb1411) y al trabajo hecho en los Centros de Desarrollo Infantil "Yo quiero Yo puedo". Agradecemos a Marco Barriga y a Luis Elizalde su labor y a Diana Castellanos por su colaboración en el contenido de Nutrición.

El lenguaje de este libro incluye de igual manera a hombres y a mujeres. Por razones de redacción, la mayoría de los capítulos están en masculino, salvo aquellos en donde es necesaria la distinción entre hombres y mujeres.

CAPÍTULO 1

Las necesidades como mamá, papá o cuidador de un bebé

El nacimiento de un bebé implica cambios importantes. Tenerlo es el comienzo de una nueva etapa en la vida, asumiendo un nuevo rol como madre, padre o cuidador; involucra la llegada de una nueva persona a su vida, con necesidades muy particulares, lo cual trae una fuerte responsabilidad, así como un cambio al cual debe adaptarse poco a poco.

Después del parto, hay tanta energía invertida en el nuevo bebé y en todas sus necesidades, que se pueden olvidar los requerimientos de la nueva mamá. Resulta fundamental no perder de vista las necesidades individuales de la mamá o cuidador del bebé. Ante todo, cada persona es un ser con necesidades, emociones, preocupaciones distintas, etcétera, y sólo uno mismo puede afrontarlas y buscar opciones para asegurar que dichas necesidades sean satisfechas. En la medida en que uno esté bien, se podrá relacionar mejor con el bebé y asumir los cuidados que necesita. Recuerda que uno mismo es tan importante como el bebé.

¿Cómo cuidar la salud después del parto?

ALIMENTACIÓN BALANCEADA

Después del parto el organismo necesita recuperarse del esfuerzo, por lo tanto requiere más calorías y nutrientes para la lactancia. Se recomienda que la mamá tenga una dieta balanceada, que incluya todos los grupos de alimentos. Que coma cinco veces al día y tome mucha agua para lograr una adecuada producción de leche, acorde con las necesidades del bebé.

EL CUIDADO DE LOS SENOS

En los primeros días comienza la producción de calostro y de leche, eso hace que a la mamá le duelan los senos y estén inflamados. Es importante realizar masajes circulares diariamente sobre los senos para prevenir la aparición de "bolitas". Y a fin de evitar la resequedad de los pezones es bueno utilizar crema de caléndula.

Los primeros intentos para amamantar al bebé pueden ser difíciles; poco a poco se realiza un trabajo de equipo donde el bebé succiona, la mamá atiende la libre demanda y produce la leche necesaria. Los beneficios de la lactancia son insustituibles, tanto en la relación mamá-bebé, como en la alimentación y protección de enfermedades. No se debe abandonar la lactancia, lo más difícil es perseverar las primeras semanas. Apoyar a que la mamá esté tranquila para amamantar, y acompañarla en sus inquietudes y preocupaciones es muy valioso en este proceso.

EJERCICIO

Si bien después del parto es posible que el médico recomiende cómo retomar la actividad física poco a poco, y tener ciertos cuidados en el primer mes después del parto, es muy importante considerar que existe una amplia gama de actividades que se pueden realizar.

Ejercicio físico moderado de 30 minutos diarios es muy benéfico para la salud. Actividades cotidianas como caminar, subir escaleras, realizar labores domésticas, entre otras, también eliminan los perjuicios de una vida sedentaria. La práctica habitual de ejercicio físico moderado contribuye a mantener un buen estado general de salud, a sentirse sano y tener vitalidad, facilitando el buen funcionamiento de los diferentes órganos y sistemas del cuerpo.

Un estilo de vida activo mejora el estado de ánimo, estimula la agilidad mental y reduce el estrés. En casa se pueden realizar algunos ejercicios sencillos para tonificar los músculos (debilitados durante el embarazo) y perder peso, de un modo armonioso y duradero.

La actividad física abarca acciones de diversa intensidad, desde subir escaleras regularmente, bailar y caminar, hasta correr, montar bicicleta y practicar deportes. ¡Baila! ¡Muévete! ¡Sé creativa y diviértete!

ESPACIOS PARA ACTIVIDADES Y NECESIDADES PERSONALES

Cuidar de la salud también implica tener un espacio personal para realizar actividades y satisfacer necesidades personales. Dedicarnos un poco de tiempo permite construir el bienestar personal, lo que ayuda a sentirse más tranquilo, alegre y motivado. Se recomienda identificar qué actividades o situaciones disfrutamos y encontrar tiempo para realizarlas. Por ejemplo: leer, hacer una llamada telefónica, admirar el jardín, ver un programa, escuchar música, etcétera. Habrá ocasiones en que puedan realizarse mientras el bebé duerme u organizarse para llevarlas a cabo con él. Lo importante es encontrar la manera de no sacrificar necesidades personales sino combinarlas con el cuidado del bebé.

Cuídate y consiéntete

¿QUÉ PASA EN LAS MUJERES DURANTE LAS PRIMERAS SEMANAS DESPUÉS DEL PARTO?

Es normal que presenten algunos cambios físicos y emocionales. Físicamente, hay que considerar que los órganos y tejidos que intervienen en el embarazo y el parto regresan a sus condiciones normales. Esto implica que tradicionalmente se hable de la "cuarentena", como el periodo de cuarenta días posterior al parto en que la mamá requiere de ciertos cuidados, descansar más y no hacer esfuerzos físicos. Es probable que la mujer se sienta cansada, presente molestias al caminar o en ciertas posturas físicas, y tenga sangrados o fluidos vaginales moderados, los cuales disminuirán conforme pasan los primeros días.

Si bien es posible que la mamá experimente molestias, es importante diferenciar los signos que implican alguna complicación: sangrado permanente y con mal olor o decoloraciones, náuseas y vómitos persistentes, palidez de la piel, fiebre, dolores intensos en el vientre o en las piernas. De ser así es importante consultar al médico. Además, debe acudir a las consultas posteriores al parto, que normalmente se dan a los 7, 28 y 42 días después del nacimiento.

¿CÓMO REGRESAR AL PESO ADECUADO Y CUÁNTO TIEMPO TOMA?

A algunas mujeres les preocupa que su cuerpo retome su forma después de los cambios que vivió en el embarazo. Es importante diferenciar esta preocupación cuando se refiere al cuidado de la salud y el proceso de reajuste del cuerpo, de la que busca estereotipos de belleza o paradigmas sociales que generan una fuerte presión respecto a la imagen corporal de las mujeres y las creencias falsas de cómo se "deben" ver.

La pérdida de peso después del parto es paulatina, puede variar de persona a persona y puede requerir hasta un año, antes de que el cuerpo se reajuste a dichos cambios. Tener una idea realista respecto al proceso y tiempo que tomará es importante para no alimentar falsas expectativas.

Tras el parto, es probable que la mujer tenga una pérdida de peso de entre 200 y 600 gramos al mes, durante los primeros cuatro o seis meses. Es importante considerar que el consumo energético de las mujeres después del parto también se relaciona con la producción de leche y amamantar a su bebé, por lo que el consumo energético puede variar según su peso corporal y la actividad física que realizan; también depende de la producción de leche por día. Así, una mujer de 50 kilogramos con poca actividad física y que amamanta, necesitaría un consumo de 2 400 kcal, pero si realizara actividad física debería consumir 3 600 kcal (Casanueva, 2003).

Amamantar ayuda a perder peso después del embarazo, pero también cabe señalar que la lactancia es considerada el periodo de mayor demanda energética, por lo que se recomienda que la mujer consuma 500 kcal más al día de lo normal, según peso, edad y actividad física. Cuidar la alimentación y salud en esta etapa es muy importante para la salud de la mujer y del bebé. Se recomienda consumir calcio, por su pérdida a través de la leche; esto lo puede compensar mediante alimentos con altos niveles de calcio (leche y productos lácteos).

La dieta debe satisfacer la cantidad de proteínas, hidratos de carbono y lípidos necesarios para cada mujer lactante, siendo recomendable que se aumente el consumo de proteínas mediante lácteos, carne, pescado y legumbres. Los hidratos de carbono deben ser de absorción lenta, como los presentes en pan integral, pastas, legumbres, papas y arroz. En cuanto a grasas, se recomienda el consumo de alimentos ricos en ácidos grasos esenciales y omega-3 como frutos secos, pescados, aceite de oliva y leche enriquecida en omega-3.

Para satisfacer las vitaminas requeridas se recomiendan lácteos, ricos en vitaminas A y D; frutas y verduras, ricas en vitamina A y C; carnes; cereales y legumbres, ricos en vitamina del complejo B. El aporte de minerales, en especial de calcio y fósforo, es de gran importancia para mantener la estructura ósea y crecimiento del lactante. Se encuentran en la leche y sus derivados, en pescados, frutos secos, legumbres y cereales. Otro mineral que se debe consumir es el hierro, que se encuentra en hígado, carne y espinacas. El consumo de yodo durante el embarazo evita problemas de enanismo y cretinismo (deficiencia congénita) y en la lactancia ayuda al desarrollo del sistema nervioso central del bebé, por lo que se deben ingerir pescados y mariscos, sal yodada, productos lácteos, frutas y verduras. Respecto al agua, deben beberse por lo menos 1.5 litros diarios.

¿ES NORMAL SENTIR DIFERENTES EMOCIONES ANTE LA LLEGADA DEL BEBÉ?

Sí, es normal que la mujer experimente tristeza, enojo, preocupación, se sienta muy emocionada o contenta sin una razón en particular. Su cuerpo continúa con algunos ajustes que pueden durar el primer mes después del parto o un poco más.

En el caso del papá, también existen emociones específicas ante la llegada del bebé. Por ejemplo, en ocasiones puede experimentar celos por compartir la atención de la mamá, quien probablemente esté muy enfocada en el bebé. También frustración o angustia por esta nueva responsabilidad, al mismo tiempo que alegría y entusiasmo.

El nacimiento de un hijo puede generar sentimientos de temor y angustia; una de las cosas que más preocupa a la mamá es el cuidado del bebé. Es posible que se sienta sola frente a esta gran responsabilidad. Para vivir este momento único sin tantos miedos ni ansiedades, es fundamental sentirse acompañada y confiar en que irá aprendiendo poco a poco de su bebé. Cada infante, desde su nacimiento, es un individuo con personalidad propia; poco a poco aprenderán a conocerse y a construir ese vínculo tan especial iniciado con el embarazo.

Las emociones son señales personales que identifican la manera en que reaccionamos ante semejante situación y los cambios que conlleva. Reconocer las emociones permite entender cómo nos sentimos ante este importante acontecimiento y encontrar las estrategias necesarias para abordarlo.

¿QUÉ ES LA DEPRESIÓN POSTPARTO?

Muchas mujeres experimentan tristeza o melancolía después de dar a luz o presentan cambios en el estado de ánimo: sentirse ansiosas o abrumadas, llorar, perder el apetito o tener dificultad para dormir; esto generalmente desaparece en pocos días o semanas. Especialmente durante los primeros quince días la mujer puede sentirse triste y desanimada por el cansancio y los cambios hormonales.

Sin embargo, los síntomas de la depresión postparto duran más tiempo, son más graves y requieren atención especializada. Tener depresión postparto implica que algunos sentimientos se intensifiquen y la nueva mamá se sienta desesperanzada e inútil; quizá pierda interés por el bebé. También puede experimentar deseos de lastimarse o lastimar a su hijo recién nacido. La depresión postparto puede comenzar en cualquier momento dentro del primer año tras dar a luz. La causa se desconoce pero influyen los cambios hormonales y físicos después del parto y el estrés que ocasiona cuidar a un bebé.

¿CÓMO ORGANIZARME Y TENER TIEMPO PARA MÍ SIN DESCUIDAR AL BEBÉ?

Organizarse para atender necesidades tanto personales como del bebé, implica identificarlas de manera clara y recurrir a la creatividad para considerar diferentes opciones. Se recomienda hacer una lista de lo que necesitan ambos con la finalidad de organizar horarios y realizar las actividades necesarias. Algunas otras recomendaciones son:

A) DELEGAR TAREAS DE LA CASA

Es aconsejable dejarse ayudar por la pareja, familiares, amigas o amigos, o personas de confianza. Aunque no resulte sencillo pedir ayuda hará que la mamá se sienta más tranquila y tendrá más tiempo para ella y el bebé.

B) MIENTRAS EL BEBÉ DUERME MAMÁ DESCANSA

Los bebés al nacer no distinguen el día de la noche, por tal motivo la mamá debe descansar mientras su hijo duerme. Es necesario que acomode sus horarios a los del bebé, así dormirá más, lo que favorece la producción de leche materna. De esta manera también se cuida la salud personal.

C) ACEPTA LOS CAMBIOS Y EVITA PRESIONES DE CUMPLIR CON TODO

Es importante considerar que la llegada del bebé marcará cambios importantes en las rutinas tradicionales ante las cuales hay que encontrar nuevas formas de acoplarse y organizarse. Es posible que algunos días la mamá se sienta abrumada. Es natural que el tiempo no rinda para hacer todas las tareas diarias, se requiere de paciencia y adaptación para eliminar presiones y encontrar alternativas.

¿CÓMO SER BUENA MADRE, PADRE O CUIDADOR DE UN BEBÉ?

A veces existe presión por "ser buena madre", "ser buen padre" o "cuidar bien al bebé". Esto hace pensar que uno adquiere una etiqueta de ser "bueno" o "malo". Es importante considerar que no existe un manual o receta secreta, sino que hay acciones o recomendaciones que ayudan en situaciones específicas para cuidar y educar a los bebés. A veces, mitos o dichos populares presionan acerca de lo que se debe o no hacer en el cuidado del bebé y resulta importante cuestionarlos a partir de información específica y consultar especialistas para tomar decisiones informadas.

Reconocer que el cuidado de un bebé implica conocerse a uno mismo, identificar fortalezas y limitaciones personales, así como aprender de la propia experiencia y de información objetiva; todo esto ayuda a encontrar estrategias más adecuadas tanto para el bebé como para su cuidador.

CAPÍTULO 2
El desarrollo infantil

¿POR QUÉ ES IMPORTANTE SABER SOBRE DESARROLLO INFANTIL?

El desarrollo infantil implica que el bebé o niño desarrolle sus capacidades para realizar diferentes movimientos, tareas y retos, empezando por cuestiones simples hasta realizar cosas más complejas. La interacción del niño con su medio ambiente y cada uno de los estímulos que recibe del exterior son claves en su desarrollo. Se refiere al proceso de cambio y evolución que se da como parte del crecimiento.

En el proceso de maduración de cuerpo y mente, el bebé desarrolla habilidades y capacidades a nivel físico, sensorial, cognitivo (o de pensamiento), social y emocional. Para desarrollar cada una de estas áreas, avanza en diferentes etapas de manera progresiva y simultánea en muchos aspectos interrelacionados. El desarrollo en un área influye en otra y todas, al combinarse, promueven el desarrollo integral.

¿ES IGUAL EL DESARROLLO EN TODOS LOS NIÑOS?

Algunas características son iguales en todos los seres humanos, otras varían con cada persona, aunque generalmente siguen la misma secuencia de evolución y crecimiento. Se pueden considerar como generales las siguientes características:

- El desarrollo va de lo total a lo específico o definido (especialización): el recién nacido mueve todo su cuerpo como una totalidad antes de mover cada una de sus partes. Primero su visión es muy general y difusa, después se distingue una mayor gama de colores y objetos de menor tamaño. De igual forma, primero mueve todo su cuerpo antes de desplazar brazos o piernas de manera independiente.

- El desarrollo se especializa de la cabeza a las extremidades (dirección cefálico-caudal): se orienta de la cabeza hacia los pies. Mientras más cerca de ésta se encuentre el órgano, con mayor rapidez madurará. Cuando el niño nace, la estructura más desarrollada es la cabeza, mientras las más inmaduras son las extremidades.

- El desarrollo tiene una dirección del centro hacia los lados (próximo-distante): los órganos más próximos al eje del cuerpo se desarrollan primero que los más lejanos.

- El desarrollo es continuo y gradual, desde la concepción hasta el logro de la madurez. Las características humanas no aparecen repentinamente.

- El desarrollo tiende a ser constante: si no intervienen factores ambientales, el niño que al principio se desarrolla rápidamente, continuará haciéndolo con el mismo ritmo, mientras el que tiene un desarrollo inicialmente lento, seguirá haciéndolo de la misma manera si no hay un cambio en su ambiente. Es importante considerar que esto sucede siempre y cuando no influyan factores ambientales negativos o positivos.

- Las partes del cuerpo se desarrollan a diferentes velocidades, no de modo uniforme, como puede comprobarse en el momento del nacimiento, cuando las partes del cuerpo tienen distintos grados de desarrollo.

- Las pautas de desarrollo del niño están determinadas por condiciones genéticas y circunstancias ambientales. Es decir, el desarrollo del niño será influido por características biológicas heredadas de los padres así como por el ambiente en que se desarrolle y los estímulos que reciba.

¿PARA QUÉ SIRVE SABER DEL DESARROLLO DE LOS NIÑOS EN CADA EDAD?

Conocer los parámetros del desarrollo infantil a diferentes edades permite comprenderlo mejor y estimular en él actividades que le representen retos y sean de su interés. Asimismo, vigilar el desarrollo del niño, sobre todo en los primeros tres años de vida, permite detectar tempranamente cualquier tipo de alteración y realizar intervenciones oportunas.

Es importante considerar que cada niño tiene su ritmo de desarrollo, pero también que hay rangos de edad en los que se espera que aparezcan determinadas conductas. Algunas veces éstas no se dan debido a que el niño no tiene la oportunidad de realizarlas, por sobreprotección o porque se desenvuelve en un ambiente limitado donde le faltan estímulos. Otros niños no alcanzan el nivel de desarrollo esperado debido a algún trastorno asociado a las condiciones en que se dio el embarazo o parto, por alguna enfermedad, presentar desnutrición o tener problemas de tipo emocional, casi siempre debidos a dificultades en las relaciones con sus padres, como maltrato o abandono.

De no ser así, la mayoría de los niños adquieren gradualmente habilidades que les permitirán alcanzar su desarrollo físico, mental y afectivo, la base para convertirse en adultos autosuficientes.

¿QUÉ SON LOS REFLEJOS EN EL BEBÉ?

Son respuestas inmediatas del sistema nervioso a los estímulos del exterior. Cuando el bebé nace su cuerpo está dominado por los reflejos, que permiten evaluar el grado de madurez del sistema nervioso central y son importantes para su desarrollo y aprendizaje. Estos reflejos deben estar presentes durante un periodo y después ya no deben aparecer; si esto no sucede es indicio de inmadurez en el sistema nervioso central y se debe acudir al médico; lo anterior es muy importante para que el desarrollo motriz avance y adopte diferentes posturas que lo llevarán a gatear y caminar.

¿CUÁLES SON LOS REFLEJOS QUE EL PEDIATRA EVALÚA EN ÉL?

Entre el nacimiento y los primeros 2 meses, uno de los reflejos del bebé es la respuesta sincronizada de ambas piernas, que responden como un resorte o espejo. Es decir, si se estira una pierna la otra tenderá a hacer lo mismo. Después de los dos meses este reflejo desaparece, de tal manera que sus piernas se mueven de manera independiente.

Otro reflejo normal en los bebés desde el nacimiento y hasta los cuatro meses es que al girar su cabeza, el cuerpo contesta extendiendo el brazo y la pierna hacia el mismo lado y encogiendo el brazo y piernas contrarios.

El reflejo llamado Moro es clave en los bebés y consiste en empujarse como si quisieran brincar cuando se les mueve al estar boca arriba. También implica que cuando no se sienten bien sostenidos tratan de sacar los brazos para recuperar el equilibrio. Este reflejo debe desaparecer a partir de los seis meses. A veces pensamos que el bebé "está asustado" o "enfermo de susto" cuando lo vemos brincar pero es un reflejo normal. Cuando éste interfiere para que el bebé se duerma, sobre todo en los primeros días de nacido, es aconsejable detenerle sus manitas al arrullarlo.

De manera natural el cuerpo del bebé tiende a enderezarse; con el desarrollo este reflejo se vuelve voluntario y no automático. Esto se debe al esfuerzo que hace el bebé de levantar la cabeza por encima de su cuerpo cuando está boca abajo. También cuando se inclina al bebé hacia un lado, su cuerpo no se queda como tabla, sino que trata de enderezar su cabeza en relación con la línea vertical.

A partir de los seis meses es normal que cuando esté boca abajo, levante la pelvis de un lado y automáticamente se flexionen brazo, cadera y rodilla del mismo lado. Este movimiento encamina hacia el gateo.

¿ES RECOMENDABLE ADELANTAR EL DESARROLLO DE LOS NIÑOS PARA QUE SOBRESALGAN POSTERIORMENTE?

El desarrollo del niño tiene bases de madurez neurológica, es decir, madura poco a poco y así es capaz de realizar nuevas actividades. Por ejemplo, no es posible que un bebé camine a los cuatro meses sin antes sostener la cabeza de manera firme. Cada etapa de su desarrollo presenta diferentes retos y características a las cuales se irán adaptando junto con los padres. Cada etapa será la oportunidad de disfrutar nuevas experiencias y habilidades para unos y otros. Conocer el desarrollo del niño es de gran utilidad para estimularlo adecuadamente; esto significa proporcionarle por medio de juegos, materiales y actividades un ambiente adecuado a sus capacidades e intereses. Estimular al niño no significa rodearlo de juguetes, sonidos, imágenes, etcétera, ya que un exceso de estimulación puede ser tan dañina como su ausencia.

¿LOS NIÑOS QUE TIENEN MÁS JUGUETES SE DESARROLLAN MEJOR?

No. Es útil conocer al niño para proporcionarle, dentro de los recursos de cada familia, materiales y actividades para desarrollar sus habilidades. Se recomienda darle algunos juguetes por un tiempo (durante un mes aproximadamente) y guardar el resto. Después, cambiar los juguetes de manera que encuentre aspectos novedosos y de aprendizaje constantes. Reducir el número de juguetes y estímulos que rodean a los niños contribuye a estimular mejores periodos de atención y concentración, ya que dedican más tiempo a cada uno de ellos.

A medida que el niño crece puede, junto con sus padres, decidir los juguetes que desea para un tiempo y guardar otros. Esto también lo ayuda a decidir, establecer prioridades y ordenarlos con mayor facilidad.

Desarrollo Motriz

¿QUÉ ES EL DESARROLLO MOTRIZ?

Es la capacidad para realizar diversos movimientos físicos, desde desplazarse sin control del cuerpo, hasta realizar otros movimientos finos y coordinados.

Al principio el bebé no tiene control sobre sus movimientos, a veces observamos temblores, sacudidas, sobresaltos que son respuestas muy primitivas o reflejos. Estos movimientos no tienen que ver con la voluntad del bebé, pero le permiten conocer su cuerpo y darse cuenta de sus necesidades más básicas, como sentir frío, querer cambiar de postura o sentirse arropado, abrazado y querido.

¿QUÉ SE NECESITA PARA FAVORECER EL DESARROLLO MOTRIZ?

Se requiere de un correcto tono muscular, es decir, que su cuerpo no esté aguadito como muñeco de trapo, ni rígido como tabla. Cualquiera de esas condiciones debe ser atendida. El bebé poco a poco irá coordinado los movimientos de las distintas partes del cuerpo, ubicándose en el espacio, manteniendo el equilibrio y relacionándose con el medio que lo rodea.

La meta del desarrollo motriz es que el bebé separe sus movimientos y controle las diferentes partes de su cuerpo.

¿CUÁL ES LA DIFERENCIA ENTRE DESARROLLO MOTRIZ GRUESO Y FINO?

- **Desarrollo motriz grueso:** se refiere a movimientos, fuerza, postura y equilibrio adquiridos en piernas, brazos, cuello, espalda y abdomen para realizar distintos movimientos. También implica la capacidad del niño para calcular la fuerza, el espacio y el tipo de movimientos necesarios para lograr sus objetivos, como alcanzar o patear una pelota, gatear o caminar.

- **Desarrollo motriz fino:** es la habilidad del niño para ver y manipular objetos, coordinar acciones con manos y ojos, coger con las manos un objeto, armar cosas, escribir, dibujar, etcétera. Hay que considerar que la motricidad fina tiene como antecedente la motricidad gruesa; es decir, el bebé primero domina movimientos generales que implican fuerza corporal, postura y demás, para después manipular objetos con las manos.

En la etapa de la lactancia (primer año) se presentan mayores cambios y el crecimiento es más acelerado. Por ello, en los primeros meses de vida se notan cambios muy significativos en un periodo de tiempo muy reducido. Posteriormente, los cambios y crecimiento suceden de manera más paulatina.

¿POR QUÉ ES IMPORTANTE GATEAR?

Es fundamental como parte del desarrollo motriz del bebé ya que le da autonomía en sus movimientos y exploración del entorno. Al gatear tiene la posibilidad de explorar más por sí mismo sin depender tanto de que la mamá o el cuidador le muestre lugares u objetos. Esto apoya su desarrollo social y emocional, permitiéndole darse cuenta de que no es el centro del universo, sino que puede observar las cosas desde distintos ángulos. Además ayuda también a que el niño desarrolle representaciones mentales del espacio y del tamaño de su propio cuerpo en él.

Por otra parte, gatear implica un "patrón cruzado" a nivel cerebral. Se debe a que el cerebro está formado por dos hemisferios, el derecho y el izquierdo. El izquierdo regula los movimientos del lado derecho del cuerpo, mientras el derecho los del lado izquierdo. Para gatear se debe desplazar el brazo derecho, mientras se mueve la pierna contraria: esto permite que ambos hemisferios trabajen a la vez y se desarrollen más conexiones nerviosas.

Además, el gateo propicia la coordinación motriz al regular el movimiento de ambos lados del cuerpo de manera simultánea.

¿POR QUÉ HAY BEBÉS QUE NO GATEAN?

Varias características determinan el gatear:

- **Fuerza:** el bebé la requiere en brazos, piernas, espalda y cadera.
- **Postura en cuatro puntos:** se relaciona con la fuerza en la cadera y la posición del cuerpo para gatear.
- **Motivación:** tolerancia a mantener la postura boca abajo y el deseo de desplazarse.
- **Alternancia y coordinación:** la capacidad para mover de manera alternada un brazo y la pierna contraria.
- **Reflejo de paracaídas:** tener la capacidad para reaccionar protegiendo su cabeza al sacar los brazos.

Cuando un bebé no cuenta con estas características es posible que no gatee. Las actividades de estimulación que se presentarán permiten favorecer estos aspectos en el bebé, de acuerdo con su edad y nivel de desarrollo, para que se le facilite gatear.

¿CÓMO PUEDO CARGARLO?

Existen diferentes posiciones para hacerlo:

- **Avión:** cargar al bebé boca abajo sobre uno o ambos brazos. Así se ayuda a desarrollar un buen control de la cabeza boca abajo.
- **Abrazo:** sostener al bebé sobre uno de los brazos recargando su cabeza sobre el hombro.

- **Columpio:** sosteniéndolo de las piernas debajo de las nalgas y haciendo que su espalda se recargue sobre el pecho.
- **Columpio Cruzado:** sostenerlo pasando su mano por arriba de una de sus piernas y la contraria por debajo de la otra. Esto permite que el bebé tenga mayor movimiento en sus manos.

Desarrollo Sensorial

¿QUÉ QUIERE DECIR DESARROLLO SENSORIAL?

Se refiere a cómo evoluciona la capacidad del niño para usar sus sentidos: vista, oído, tacto, gusto y olfato.

Cada uno de los sentidos se desarrolla poco a poco, de tal forma que será capaz de hacer cosas más complejas. El desarrollo de la percepción está ligado a la maduración nerviosa y el crecimiento corporal. Así el cerebro del bebé va integrando los estímulos que recibe por medio de los sentidos: los procesa y genera información del entorno, la cual se hace cada vez más compleja. Indica cómo mejora y se amplía su capacidad para ver diferentes objetos, escuchar sonidos, identificar texturas y sabores, reconocer a las personas que lo cuidan, oler distintos aromas, etcétera.

¿CÓMO ES LA VISIÓN DEL BEBÉ?

Los recién nacidos ven todo en blanco y negro, y su visión es 40 veces más borrosa que la de nosotros ya que el conducto entre la vista y el cerebro aún se está desarrollando. Además, se fijan más en los contrastes, por lo que los objetos rojos, blancos y negros les atraen más. En los primeros días el bebé puede fijar la vista en objetos que se encuentran a 20 o 40 cm, la distancia entre el pecho de la madre y su cara cuando lo amamanta. Son capaces de seguir una cara y hasta una pelotita u otro objeto si se colocan aproximadamente a 30 cm de su cara y se mueven lentamente.

¿LOS BEBÉS VEN A COLOR?

Conforme avanza su desarrollo, entre los dos y tres meses, sus retinas se perfeccionan y podrán distinguir el rojo, el azul, y el verde. Sin embargo, su vista sigue siendo algo borrosa. Alrededor de los tres meses los bebés podrán fijarse más en figuras y objetos en movimiento. Para el cuarto mes el bebé comienza a desarrollar la percepción de profundidad. Entre los cuatro y cinco meses podrá observar, identificar lo que ve y reconocer tanto a su mamá como a los objetos que más le gustan. Poco a poco, seguirá con la mirada movimientos rápidos. Posteriormente, se desarrolla la coordinación entre la vista y la mano, la cual aparece alrededor de los cinco meses. Así es como el bebé tendrá la capacidad de fijar la vista en los objetos que quiere sujetar y tratará de alcanzarlos.

El bebé también se vuelve más hábil para fijarse en objetos más pequeños. Alrededor de los seis meses, será capaz de mover sus ojos en forma independiente de los movimientos de la cabeza.

¿ESCUCHAN IGUAL QUE LOS ADULTOS?

El oído es uno de los sentidos más desarrollados en el bebé porque escuchan desde antes de nacer. A partir del séptimo mes de embarazo, los bebés ya reaccionan a los sonidos. Durante el embarazo, es sensible a los sonidos del corazón de la madre, a su ritmo, a la voz del padre, etcétera. Al nacer reconoce los sonidos que oyó en el vientre materno; diferencia sonidos familiares o extraños, tonos agudos o graves aunque prefieren los agudos, por lo que se sugiere a los padres hablarles en este tono.

Al principio los bebés reaccionan a los sonidos moviendo sus brazos o piernas, llorando, etcétera; por ello, para verificar si el bebé oye, debemos cerciorarnos de que reacciona a los sonidos. Pueden seguir sonidos diferentes a la voz humana, y girar su cabeza para buscarlos. Inicialmente, giran sus ojos y posteriormente el cuello; emiten sonidos o hacen muecas, otra forma de comunicarse con su medio.

Los bebés identifican primero la voz de sus madres, aun cuando no la vean; saben que está allí y lloran para comunicarse con ella y les preste atención. Hacia el cuarto mes, relaciona estos sonidos con las palabras y trata de imitarlas. A los cinco meses el bebé será capaz de determinar de dónde vienen los sonidos y estará atento a los nuevos sonidos a su alrededor. Así es como este sentido se vuelve más preciso y complejo. A los bebés les agradan y tranquilizan los sonidos constantes, sin cambios bruscos. Para relajarlos se puede emplear música con sonidos de agua, lo que les produce la tranquilidad del vientre materno.

Algunos estudios científicos demuestran que la música de Mozart influye en el comportamiento de los bebés, proporcionándoles mayor desarrollo intelectual y creativo. Aparte de la validez que se dé al estudio sobre el efecto Mozart, la música sinfónica e instrumental se utiliza en salas de hospitales, intervenciones quirúrgicas, fábricas, bibliotecas y otros ambientes, buscando, según los casos, relajación, concentración, memorización, creatividad, análisis. Todo esto se debe a las ppm (pulsaciones por minuto) que tiene la música, en especial la de Mozart, ya que hacen más receptivo al cerebro.

¿CÓMO IDENTIFICAN EL OLOR DE SU MAMÁ?

Desde el séptimo mes de embarazo, el niño aprovecha los olores que transmite el líquido amniótico. A partir de este periodo se transmiten los olores preferidos familiar o culturalmente. A través del olfato, el cerebro del bebé hace las primeras asociaciones con el mundo exterior. El recién nacido usa los olores prenatales para establecer una conexión con el mundo antes y después de nacer.

El olfato lo orienta hacia el pecho materno; reconoce el olor de su madre. Se dirige hacia su pecho por el olor, al mismo tiempo que la madre acerca su pecho al bebé. Es otra manera de comunicación que profundiza el vínculo madre-hijo. Además, los bebés manifiestan su disgusto cuando los olores les desagradan.

El bebé amplía rápidamente su repertorio de olores familiares, que lo motivan a volverse hacia la madre y lo reconfortan. Por lo tanto, los bebés se calman con los objetos impregnados de olores familiares, por ejemplo, algún rebozo o cobija que usa su mamá y diferencian un olor familiar de otro nuevo.

¿QUÉ PASA CON EL SENTIDO DEL TACTO?

Se desarrolla a lo largo de toda la piel. Es un medio importante para estimular a los bebés, ya que son muy sensibles al contacto y la proximidad. Cuando los bebés están en contacto piel a piel con su madre o padre, su respiración se vuelve más lenta, se calman y relajan. Además, la piel es un medio extraordinario para explorar el mundo; es el órgano más grande del cuerpo y a través de ella, el cerebro proyecta imágenes completas de los objetos que toca.

Los bebés inicialmente tienen un gran número de receptores sensitivos en dedos y labios; por esta razón les gusta chuparse los dedos, estímulo que acompaña a la lactancia. A través del tacto los bebés aprenden muchas cosas; reconocen texturas y sienten las formas, lo que les aporta una gran información sobre los objetos alrededor. Por esto, la estimulación táctil en el bebé es uno de los aspectos más importantes para su desarrollo. Los masajes y las caricias son la mejor forma de estimular este sentido; además, los provee de amor, favoreciendo el desarrollo de su afectividad.

Por otra parte, las variaciones en la piel del bebé nos indican si algo no está bien. Por ejemplo, la pérdida de color en las mejillas puede indicar que el bebé tiene frío. Contra lo que se cree, no debe abrigarlos en exceso ya que su cuerpo pierde la capacidad de adaptación a los cambios de temperatura, y se resfriará con mayor facilidad. El exceso de calor puede hacer que el bebé tenga la cabeza sudorosa o esté desganado. En ese caso, conviene llevarlo a un lugar fresco, darle aire y procurar que tome bastantes líquidos.

Desarrollo Cognitivo

¿CÓMO SE DESARROLLA LA INTELIGENCIA DEL BEBÉ?

El desarrollo cognitivo se define como la manera en que piensan y aprenden los niños. Incluye memoria, aprendizaje, solución de problemas, etcétera. Es importante considerar que la mejor manera de aprender es mediante el juego. En un inicio el bebé aprende a través de las sensaciones y las tareas cognitivas corresponden a moverse para alcanzar un objeto, para lo cual su cerebro necesita integrar diferentes percepciones motrices y visuales. De esta manera, con su cuerpo resuelven problemas y parece que no existieran reglas para hacer otras cosas además de las propias, las cuales descubre con su cuerpo que le permite saber de qué es capaz.

El desarrollo cognitivo o intelectual es la capacidad del niño para conocer el mundo que lo rodea al asociar cosas y situaciones para resolver problemas. El niño conoce y entiende su mundo a partir de la interacción de sus sentidos con el medio ambiente. Desde que nace, escucha, ve, percibe muchos estímulos que le permiten estar alerta. Así, su pensamiento se construye a partir de su percepción de objetos, personas y medio. Esto le permite crear relaciones mentales, establecer semejanzas y comparaciones entre sus características, logrando realizar cosas más complejas.

¿CUÁNDO EMPIEZA EL DESARROLLO COGNITIVO?

El recién nacido tiene un corto periodo de atención, que aumenta conforme crece. En un inicio, puede estar alerta aproximadamente una de cada 10 horas. Es el mejor momento para interactuar y aprender con ellos. Conforme aumenta su confianza, los bebés comienzan a hacer asociaciones y esperan reacciones constantes, como ser alimentados.

Posteriormente, alrededor de los tres meses, pasan más tiempo despiertos y se vuelven más activos, lo cual contribuye a aumentar su interés por el entorno. Es así como a partir del cuarto mes de vida sus actividades dejan de centrarse en su propio cuerpo y se dirigen hacia objetos externos. El bebé desarrolla su deseo de explorar. A medida que aumenta su capacidad visual se interesa por nuevos objetos, soltando una y otra vez el que tiene en la mano para tomar otro recién descubierto. Además, comienza a reconocer un objeto aunque lo vea desde ángulos distintos. Asimismo, aumenta su capacidad de atención y retienen cada vez más información sobre lo que ocurre a su alrededor. Aproximadamente entre los cuatro y cinco meses, el bebé descubre la relación causa-efecto: por ejemplo, el sonajero suena si agita la mano, y sus padres acuden a su lado cuando llora.

¿EN QUÉ MOMENTO EMPIEZA A RELACIONARSE CON SU AMBIENTE?

El bebé conoce su ambiente familiar desde que nace, su cerebro empieza a aprender desde los primeros días de nacido. Poco a poco, se vuelve más activo. A los seis meses, prácticamente cualquier cosa despierta su curiosidad. Entre los seis y siete meses, aprende que los objetos existen aunque no pueda verlos en determinados momentos (permanencia del objeto). Cuando ya es consciente de la permanencia de las cosas, disfrutará encontrando objetos escondidos. Así sabrá que sus padres no desaparecen cuando salen de la habitación y confía en que volverán.

Además, los bebes empiezan a comprender cómo se usan los objetos, por ejemplo, un cepillo, una taza, etcétera. Sus acciones son cada vez más intencionadas, es decir, tienen un objetivo y conocen los medios para alcanzarlo. Por ejemplo, si el bebé quiere llamar la atención de la mamá, llora, grita, sonríe. En esta etapa, toma conciencia de lo que significa adentro y afuera, por lo que se entretiene introduciendo unos objetos dentro de otros; también explora los objetos de diferentes maneras; por ejemplo, dejándolos caer, golpeándolos o agitándolos.

¿A QUÉ EDAD SE RECONOCE A SÍ MISMO?

Alrededor de los 12 meses, el niño observa e imita acciones cada vez más complejas, se reconoce en el espejo y encuentra objetos escondidos. Así desarrolla su inteligencia a través de ensayo y error, haciendo variaciones con lo aprendido: refuerza lo aprendido mediante la repetición. Por lo tanto, disfruta repitiendo un juego, escuchando un mismo cuento o canción. Y pregunta a menudo: ¿Por qué? Los padres y otros adultos podemos contribuir al desarrollo de su inteligencia respondiendo a sus preguntas, mostrando cómo funcionan las cosas y prestándole atención.

Desarrollo Social

¿CÓMO APRENDE A RELACIONARSE CON OTRAS PERSONAS?

El desarrollo social se refiere al modo en que el niño se relaciona con otras personas. Desde que nacen, los bebés se relacionan socialmente con el mundo que los rodea, mediante gestos y sonidos (lenguaje no verbal); por ejemplo, sonríen cuando duermen y acomodan su cuerpo con el de la persona que los carga. Asimismo, reconocen la voz de sus padres (especialmente la de quien está con ellos más tiempo), entienden y responden al estado de ánimo de ellos y recurren a gritos y llanto para comunicar sus necesidades. Parte de un desarrollo emocional y afectivo armonioso se basa en las buenas relaciones entre el niño y las demás personas.

¿LOS BEBÉS SONRÍEN A TODAS LAS PERSONAS?

Establecen una relación muy cercana con la persona que los cuida, se emocionan ante objetos y personas conocidas y lloran ante extraños. Al tercer mes aparece la sonrisa social y comienzan a reconocer rostros familiares. Disfrutan jugar con las personas, imitan movimientos, gestos y sonidos. Cuando les sonríen, hablan o acarician, responden con diferentes sonidos y balbuceos. Entre los tres y seis meses prefieren a personas conocidas, pero no necesariamente rechazan a los extraños.

Es decir, poco a poco se amplía su capacidad para relacionarse con otras personas más allá de su mamá o de quien los cuida directamente. También son capaces de mostrar disgusto y responder de forma apropiada a las expresiones faciales de otras personas (alegría, enojo, tristeza). Aproximadamente a los cinco meses, los bebés juntan las manos, gritan y llaman la atención de otras personas.

Además, en este periodo interactúan con su imagen en el espejo aunque no la reconozcan.

¿POR QUÉ ALGUNOS BEBÉS LLORAN MUCHO CUANDO SE LES SEPARA DE SU MAMÁ?

Entre los seis y 12 meses el bebé descubre que es un ser independiente de la madre y conforme su desarrollo continúa, se le abrirá un mundo de nuevas posibilidades. En este periodo, el distanciamiento de la mamá provoca ansiedad, por eso llora cuando ella se va. Poco a poco, se vuelve más afectuoso, incluso dará besos si lo animamos a hacerlo. Además, en esta etapa disfruta y se divierte imitando a las personas; su vida social gira en torno a quienes conviven con él diariamente; ya distingue entre personas conocidas y desconocidas; llorará si alguien extraño se acerca o lo carga pues es parte del proceso en que se identifica como persona independiente de la madre, y en un principio se resiste a ello. Además, los bebés de esta edad ya reconocen cuando nombran a su mamá o papá, y los buscan.

¿A QUÉ EDAD LOS NIÑOS YA NO QUIEREN QUE LOS CARGUEN?

Entre los dos y tres años se muestran cada vez más independientes de sus papás y buscan hacerlo todo sin ayuda gracias a sus habilidades motrices. En esta etapa el niño distingue entre "tú" y "yo", y disfruta que le aplaudan. Por lo tanto, repetirá las conductas que produzcan respuestas que lo reconforten. A esta edad demanda mucha atención y busca a los adultos cuando lo dejan solo; se sentirá más tranquilo si ve a mamá o papá mientras explora. En esta etapa muestra u ofrece juguetes a los adultos, y los arroja al suelo para que sus padres interactúen con él. Le gusta jugar con otras personas por lo que es común que llore o se enoje cuando el juego termina. Cada vez se vuelve más comunicativo y expresivo con la cara y el cuerpo. También imita más movimientos y expresiones faciales.

Conforme avanza el desarrollo del bebé, un aspecto importante de la estimulación en el desarrollo social, implica facilitarle satisfacer su propia curiosidad y autonomía, así como favorecer la interacción con otras personas y el medio en que se desenvuelve.

Desarrollo Emocional

¿QUÉ IMPLICA EL DESARROLLO EMOCIONAL?

El desarrollo emocional es la capacidad del bebé para expresar e identificar sus emociones, es decir, si está contento, triste, enojado, temeroso, etcétera. Además, para querer y respetar a los demás, así como ser querido, respetado y aceptado.

¿QUÉ PUEDO HACER PARA APOYAR EL DESARROLLO EMOCIONAL DE UN BEBÉ?

La actitud afectiva del adulto hacia el bebé o niño es de suma importancia, ya que contribuye a darle más confianza y seguridad en sí mismo y a desarrollar su personalidad. Al principio el bebé necesita de la mamá o cuidador para sobrevivir, tiene necesidades como comer, dormir, ir al baño, las cuales advierte si son atendidas, sin importar que las realice alguien extraño. Esto va generando confianza en él; por ello, el contacto y cercanía de la madre y su capacidad para reconocer y atender sus necesidades, son claves para su desarrollo emocional. Posteriormente, el crecimiento y desarrollo saludables ocurren cuando hay relaciones de mucho amor, en que los niños exploran, aprenden, crecen, y luego regresan a un ambiente seguro y protector. Se requiere confianza en una figura accesible y disponible para brindar apoyo y afecto, lo cual genera seguridad en el niño.

¿CÓMO PUEDO SABER LO QUE EL BEBÉ NECESITA EMOCIONALMENTE?

Expresa sus necesidades y sentimientos a través del llanto, que es el primer signo de comunicación y expresión. En los primeros meses, llora porque tiene hambre, el pañal sucio, frío o calor, dolor, necesita cambiar de posición o le hace falta la proximidad de la madre o moverse. Es normal que los bebés lloren con frecuencia hasta los cuatro meses. Además, en las primeras semanas de vida aumenta el llanto, que alcanza su mayor duración diaria a los dos meses de vida, y disminuye hacia los tres o cuatro. Un bebé normal puede llorar en promedio 2.7 horas por día.

¿ES VERDAD QUE EL ESTADO DE ÁNIMO INFLUYE EN EL DEL BEBÉ?

El estado de ánimo de familiares o cuidadores puede causar o aumentar el llanto del bebé, porque lo percibe. Ansiedad o nerviosismo excesivo se transmiten fácilmente al bebé, por lo que puede mostrarse irritable cuando hay problemas en la familia. A veces los ruidos de la casa o de la calle son muy intensos y molestos. Los sonidos bruscos lo sobresaltan y provocan su llanto. Su manera de llorar puede indicar qué necesita. Es decir, el llanto por hambre es diferente al del dolor o la enfermedad. La mayoría de los niños pasan desde su nacimiento por diversas etapas de desarrollo emocional (ver tabla 1). Sin embargo, en los primeros cinco años de vida las personalidades individuales ya empiezan a manifestarse. De cualquier manera, podemos identificar ciertas pautas en su progreso y expresión emocional y reforzarlas a través del juego.

¿QUÉ PAPEL TIENE EL JUEGO EN EL DESARROLLO DEL BEBÉ?

Alrededor de los seis meses comienza a expresar su estado de ánimo y sus emociones, que son muy cambiantes; por ejemplo, mostrarse muy sociables por momentos y muy tímidos en otros. Los juegos que se comparten con el bebé lo ayudan a desarrollar su autoestima y confianza; reforzarán el vínculo entre el bebé y el adulto, mediante el contacto visual y corporal. Asimismo, por medio del juego aprende una secuencia, desarrolla su memoria y disfruta predecir el futuro. Además, cuando se ríe, libera tensión y se relaja.

A los 12 meses, los niños se muestran más afectuosos con personas y objetos, abrazan y besan a sus papás de manera espontánea. Además, ya expresan muchas más emociones y reconocen los sentimientos de los demás. Es común que a esta edad tengan miedo de la oscuridad y de los extraños. Hay que considerar que su comportamiento varía de acuerdo con las reacciones emocionales de sus padres; es común que los niños de esta edad se vuelvan posesivos con sus juguetes y los escondan de otros niños. Poco a poco se hacen conscientes de que son personas independientes con habilidades y limitaciones.

¿QUÉ HAGO PARA QUE EL BEBÉ SEA UN NIÑO SEGURO Y TRANQUILO?

La manera como se educa a los hijos influirá mucho en la imagen que tengan de sí mismos, en su autoestima y seguridad.

Aunque parezca obvio, decirles frecuentemente "te quiero" u otras frases que demuestren afecto, fomentan la autoestima y evidencian una relación positiva. No hay que retarlo ni decirle frases desagradables.

Tampoco es bueno dar órdenes como preguntas. Una orden directa es más adecuada y mucho mejor si le ofrecen opciones: "¿Vas a arreglar tu cuarto cuando terminemos el cuento?" Si se quiere que el niño obedezca una orden se debe decir de manera que vea el lado positivo de la petición: "Si le prestas el juguete a Ana se van a divertir jugando juntos." También es preferible negociar y no chantajear.

Se deben evitar los malos tratos y las frases agresivas ya que además de descalificarlo, se queda sin posibilidad de rectificar.

Tabla 1. Desarrollo emocional por edad	
Edad	**Pautas de desarrollo emocional**
0-6 meses	Durante los primeros seis meses de vida los bebés comienzan a: • Sonreír a la gente. • Disfrutar de que la gente les hable y juegue con ellos. • Imitar alguna expresión facial o movimiento que observan y manifestar una preferencia hacia ciertas personas. • A partir del tercer mes aproximadamente los bebés empiezan a exhibir las primeras reacciones emocionales.
6-12 meses	Durante los siguientes seis meses de vida los bebés: • Empiezan a sentirse tímidos y a tenerle miedo a personas desconocidas. • Se alteran cuando su padre o madre se va. • Manifiestan miedo a los extraños. • Imitan sonidos y gestos, y gozan de la atención que reciben como resultado de este comportamiento.
12-18 meses	El niño que ha cumplido un año de edad: • Es el centro de su propio mundo. • Todavía no comprende el concepto de compartir. • No es consciente de la posibilidad de dañar a sus pares.
18-24 meses	Aproximadamente a los 18 meses de edad: • Aprenden su propio nombre y se reconocen en un espejo. • A medida que los niños se acercan a los 2 años buscan distanciarse de sus padres. • Empiezan a decir "No" a los padres.
2-3 años	Los niños de dos años: • Buscan independizarse. • No les gusta compartir cosas y no juegan fácilmente con otros niños. • Es probable que se muestren más agresivos, aunque no por ello dejan de expresar su cariño abiertamente. • Empiezan a llamarse por sus nombres, a decir "yo" y "mío".

No se debe olvidar que cada persona es diferente, por lo que la expresión de sus emociones puede ser distinta.

¿A QUÉ EDAD SE INICIA LA EDUCACIÓN SEXUAL?

Desde que el niño nace; se da continuamente en cómo nos relacionamos con él, satisfacemos sus necesidades, permitimos que explore o no su cuerpo y en nuestra manera de manifestarle afecto.

La sexualidad está determinada por la interacción de aspectos biológicos, psicológicos y sociales, todos de gran importancia. Es parte de nuestra propia constitución y personalidad, porque define la forma en que vivimos la vida cotidiana; la sexualidad no es sólo tener relaciones sexuales, es un tema que por razones socio-culturales muchas veces genera curiosidad, angustia, risa y miedo.

La sexualidad se determina biológicamente desde el momento de la concepción (tanto en hombres como en mujeres). Los aspectos psicológicos de la sexualidad se relacionan con el papel que desempeñamos al asumirnos como hombres o mujeres.

¿A QUÉ EDAD LOS NIÑOS SABEN SI SON NIÑOS O NIÑAS?

Alrededor de los dos años entienden la diferencia entre ser niño o niña y pueden identificar su pertenencia a uno u otro grupo. Así se inicia el descubrimiento de todas las partes de su cuerpo. A esta edad asocian ciertas conductas, conocidas como roles en función del sexo. Estos roles son un producto cultural.

Al decidir lo que se desea enseñar a los hijos sobre los roles en función del sexo, se deben tomar en cuenta los mensajes que reciben tanto dentro como fuera del hogar. La mayoría de las situaciones de la vida cotidiana nos facilitan tratar el tema de la sexualidad con naturalidad, incorporándolas a otros conocimientos.

Hay que decir al niño la verdad, pero adaptándonos a lo que entienda según su edad; siempre hay que responder a sus dudas. No hay que centrarse en las partes más negativas, ni transmitir nuestros miedos o culpas.

¿CÓMO SE IMPARTE LA EDUCACIÓN SEXUAL?

Es importante abordar este tema de manera abierta y clara, y dar información conjunta a niños y a niñas; esto favorece el conocimiento entre ambos sexos y la identificación de semejanzas y diferencias. Algunas sugerencias para manejar el tema de la sexualidad:

- Tratarlo igual que cualquier tema.
- Hablar sobre aspectos concretos del cuidado del cuerpo y de sus funciones de modo natural.
- Llamar a cada una de las partes del cuerpo por su nombre.
- Favorecer que niñas y niños conozcan su cuerpo, incluidos los órganos sexuales.
- Fomentar y hacer preguntas que expresen sus opiniones respecto a las diferencias entre niños y niñas.

Desarrollo del lenguaje

¿EL DESARROLLO DEL LENGUAJE INICIA CON LAS PRIMERAS PALABRAS?

No, esto se inicia desde antes. El desarrollo del lenguaje se refiere a la capacidad del niño para comunicarse con otras personas y expresar sus sentimientos, emociones, pensamientos y conocimientos.

El desarrollo del lenguaje verbal se inicia en el bebé al producir sonidos o balbuceos; formar palabras, combinarlas en frases hasta construir significados y adquirir conocimientos sobre el propio lenguaje. El no verbal comienza con sus expresiones faciales y corporales, incluye la capacidad de poner atención y escuchar a otras personas.

Desde que nace, el bebé oye los sonidos que emitimos al hablar, pero después relaciona estos sonidos con las palabras y los imita. Por eso es importante que los padres hablen habitualmente al bebé, así aumentarán su interés natural por cualquier tipo de sonido, incluyendo el del lenguaje.

¿PODEMOS SABER SI UN NIÑO HABLARÁ RÁPIDO?

El desarrollo del lenguaje es distinto en cada uno, aunque existen pautas generales al respecto. Las primeras manifestaciones del pre-lenguaje (llanto, balbuceos, sonidos guturales, emisiones vocálicas, risas y gritos) se presentan en las primeras semanas de vida, hasta lograr la comprensión del lenguaje oral y escrito como formas de expresión. Los movimientos corporales le permiten integrar imágenes y recuerdos, que se convertirán en palabras y expresión de ideas y pensamientos.

¿CUÁNDO DEBE EMPEZAR A HABLAR?

Hacia los cuatro o cinco meses la mayoría muestra su deseo de hablar moviendo continuamente la boca y utilizando sonidos de vocales. Hacia el final de los cinco meses balbucean, incluyendo sonidos de consonantes, imitando ritmos y características del idioma que oye. Los padres observarán que los bebés de cinco a seis meses vocalizan y "charlan" casi continuamente mientras juegan.

A partir de los seis meses el bebé adquiere nuevas habilidades comunicativas que integrará a su rutina y serán la base una vez que comience a hablar. En esta etapa entiende el significado de sí y no. También intenta copiar lo que decimos y, poco a poco, comprende nuevas palabras, así como que su cuerpo sirve para comunicarse y representa las cosas que quiere o necesita mediante gestos; esto se denomina comunicación no verbal. El bebé abrirá y cerrará la mano cuando quiera algo, y moverá la cabeza o nos empujará si hacemos algo que le disgusta.

¿A QUÉ EDAD ENTIENDE INSTRUCCIONES SIMPLES?

Hacia los nueve meses señala lo que quiere y se despide moviendo las manos. A partir de los 10, entenderá preguntas sencillas como "¿Quieres tomar algo?", y asentirá o negará con la cabeza.

Cuando se habla con el bebé hay que hacerlo despacio, de manera simple y corta, describiéndole las acciones. También repetir lo que se dice y cambiar algunas letras. Él imitará estos sonidos.

¿A QUÉ EDAD SE ESPERA QUE TENGA UN DESARROLLO DEL LENGUAJE QUE LE PERMITA DECIR QUÉ LE SUCEDE?

Uno de los grandes logros del niño en su segundo año de vida es el desarrollo del lenguaje. Entiende casi todo y aprende a expresarse de modo comprensible, utilizando cada vez más palabras. Al final de este segundo año, la mayoría utiliza entre 20 y 50 palabras, aunque puede haber diferencias de un niño a otro. En este periodo empieza a expresar ideas mediante frases sencillas: "Quiero agua" o "A comer." Por lo general, las primeras palabras que pronuncia el niño son para nombrar a sus padres, hermanos, objetos cercanos o la comida. Además, los niños entienden y responden apropiadamente a palabras e instrucciones sencillas. Es frecuente que sólo las personas más próximas al niño le entiendan ya que omite o cambia letras, o utiliza una misma palabra para referirse a diferentes cosas. Posteriormente, el niño perfecciona esta habilidad, aprende más palabras y forma frases.

El desarrollo del lenguaje está íntimamente relacionado con el social y emocional. Su interés por las personas, así como su comunicación, limitada a lo afectivo durante el segundo y tercer mes de vida; se amplía hacia los objetos entre el tercer y cuarto mes.

De modo paralelo, el niño toma conciencia de que sus fonaciones, balbuceos, manoteos y ruidos guturales producen efectos a su alrededor y aprende a comunicar algo a alguien.

Así, el niño progresa y aumenta sus vocalizaciones, cada vez más cercanas a la palabra y cargadas de intención comunicativa con la madre. Estos variados sonidos vocales y fonaciones próximas a la palabra que dirige a la madre, deben ser atendidos, entendidos, interpretados y contestados por ella de manera reiterativa, estimulando y propiciando así su desarrollo lingüístico.

Es decir, la madre tiene en sus manos la posibilidad de incrementar su nivel de comunicación verbal y afectiva, favoreciendo el desarrollo de su inteligencia, lenguaje, posibilidades de interacción social y capacidad de expresar deseos y sentimientos. Por ello la comunicación gestual, afectiva y verbal de la madre con su hijo reviste una importancia decisiva en el desarrollo de todas sus potencialidades.

CAPÍTULO 3
La estimulación adecuada

El nacimiento de un hijo y su desarrollo es un reto para cualquier madre. Desde su nacimiento requiere de cuidados más allá de la alimentación y el descanso. Resultan básicas para su desarrollo integral actividades que le permitan conocer su entorno, moverse, sentirse seguro y querido. El acercamiento de la madre y otros adultos que jueguen, acaricien y estimulen al bebé por medio de juegos y actividades, le permite conocer mejor el mundo que lo rodea y adaptarse a él.

Desde su nacimiento, aprende y está ansioso de ciertos estímulos. Su potencial para crecer y desarrollarse correctamente aumenta conforme se le proporcionan cuidados y experiencias oportunas de acuerdo con los retos físicos, intelectuales, emocionales y sociales que enfrenta en cada etapa.

Mediante la repetición y reforzamiento de logros se estimula al bebé y al niño. Además se propicia una mayor interacción y un lazo más estrecho con la mamá o cuidador.

Es importante recordar que:

- El ambiente en la primera infancia afecta el desarrollo cerebral. Muchos factores, como cuidado parental, estimulación, estrés, nutrición y toxinas ambientales, tienen efectos duraderos en el desarrollo y funcionamiento del cerebro (Grantham-McGregor *et al.*, 2007). Las intervenciones en este período son clave para el desarrollo a largo plazo.
- El nacimiento de un bebé y sus primeros años de vida son momentos críticos en que se requieren cuidados específicos. Es un reto para los papás leer las señales del bebé y brindarle las atenciones necesarias. Por otra parte, de manera natural él está equipado para aprender y desarrollar sus capacidades.

¿QUÉ ES LA ESTIMULACIÓN ADECUADA?

La estimulación consiste en brindarle actividades oportunas que enriquezcan su desarrollo, basadas en su proceso de crecimiento y maduración. Así como sus capacidades de aprendizaje y adaptación para fomentar su desarrollo integral a partir de distintos ejercicios y juegos.

Brindar al bebé un ambiente tranquilo donde perciba amor y cuidados, y la interacción con su mamá o la persona que lo cuida le permita consolidar logros cada día en las diferentes áreas de su desarrollo. Debemos considerar que:

- Las mamás y cuidadores están aprendiendo a atender al bebé o niño.

- Pueden sentir miedo y preocupación por cómo cuidarlo y atenderlo.
- Intentan lo mejor dentro de sus posibilidades.
- Pueden tener muchas dudas e inquietudes.
- Reciben muchos mensajes, a veces contradictorios, de familiares, amigos, libros, medios de comunicación.
- Cada mamá o cuidador tiene su propio ritmo de interacción con el bebé o niño.

¿CÓMO SE BRINDA ESTIMULACIÓN ADECUADA?

Se proporciona en casa, la guardería o incluso hospitales. Implica realizar actividades y juegos de manera natural y, de preferencia, integrados a la vida cotidiana, la rutina y actividades de higiene y cuidados del bebé, para desarrollar al máximo sus capacidades físicas, intelectuales, sociales y emocionales.

¿SE DEBE ESTIMULAR MÁS AL BEBÉ PARA QUE SEA MÁS INTELIGENTE?

No. Lo importante es respetar su edad, ritmo de desarrollo, tolerancia a la estimulación y capacidades. La estimulación pretende aprovechar su capacidad de aprendizaje para brindarle actividades que lo ayuden a conocer su medio, desarrollar habilidades motoras, sensoriales, cognitivas, así como incrementar su lenguaje, su interacción social y afectiva con su mamá o cuidador.

Resulta clave en la estimulación respetar el desarrollo individual, capacidades, predisposición y ritmo de cada bebé. Hay que recordar que cada uno es diferente. El bebé necesita vivir libremente esta experiencia, jamás se deberá forzarlo a hacer alguna actividad para la que no esté preparado. Por ello resulta clave entender cómo se da el desarrollo infantil en cada etapa y área; a partir de esto, desarrollar actividades considerando las necesidades específicas de cada niño.

¿QUÉ HAGO SI EL NIÑO NO SE INTERESA O LLORA CUANDO QUIERO REALIZAR ACTIVIDADES DE ESTIMULACIÓN?

El bebé debe sentirse libre y motivado durante el proceso de aprendizaje en todas las edades. Por esta razón, las mamás o cuidadores deben respetar preferencias, estado de salud y disposición para interactuar en cada momento. Todo debe hacerse en un contexto de juego y naturalidad. A través del juego, los padres pueden observar el comportamiento de su hijo y conocer sus necesidades, deseos, gustos e inquietudes.

¿POR QUÉ ANTES NO SE HABLABA DE ESTIMULACIÓN TEMPRANA?

El concepto surge a mediados del siglo pasado para atender a niños con alguna deficiencia o enfermedad, y a los nacidos de madres con problemas durante el embarazo o parto. Se empezó a ver con gran asombro los logros y avances de los bebés, gracias a la plasticidad del cerebro; es decir, a la capacidad de aprender aun cuando hubiera problemas neurológicos en el nacimiento; así, se pensó en aplicarlo en niños sanos para potencializar sus posibilidades.

¿LA ESTIMULACIÓN FORMARÁ GENERACIONES DE NIÑOS MÁS PRECOCES?

No se pretende desarrollar niños precoces, ni adelantar su desarrollo natural, sino ofrecerles una amplia gama de experiencias básicas para futuros aprendizajes. La idea es que el niño adquiera mayor información del mundo que le rodea. Es recomendable conocerlo y hacerle una valoración mediante la observación, para así ofrecerle experiencias poniendo atención en sus áreas de desarrollo y, al mismo tiempo, estimular la atención y la memoria.

¿LOS NIÑOS APRENDEN SOLITOS?

Hay dos teorías acerca del desarrollo del niño: una apoya la importancia del desarrollo madurativo y la otra considera al desarrollo como producto de experiencias y aprendizajes. La estimulación acepta ambas corrientes, ya que por un lado se respeta el nivel de madurez de cada individuo, así como sus características personales y, por otro, se proporcionan distintas experiencias.

El cerebro tiene una evolución desmedida en los primeros años de vida, por lo tanto en ese momento el aprendizaje tendrá una fuerza impresionante. Los padres, sin importar posibles limitaciones económicas, culturales o sociales, pueden dar al niño un ambiente rico para despertar sus talentos y desarrollar sus habilidades. Los padres o cuidadores fungen como mediadores, invitando al niño a indagar y aprender cosas nuevas.

Para que exista un aprendizaje temprano se necesita un ambiente adaptado a las necesidades del niño y una maduración de su sistema nervioso. Esta maduración regulará al niño en sus reacciones a los estímulos proporcionados.

¿CUÁLES ACTIVIDADES ESTIMULAN EL DESARROLLO DE UN BEBÉ?

Algunos ejemplos son:

- Masajes con aceites o cremas tonifican su cuerpo y estimulan su olfato y su tacto.
- Cuando se prepare la comida, llevar al bebé a la cocina para que experimente nuevos olores.
- Hablarle o cantarle mientras lo baña o viste.
- Utilizar sonajas, cascabeles, música u objetos con colores brillantes para llamar su atención.
- Ofrecerle juguetes con diferentes texturas para que diferencie los objetos por el tacto. Con esto coordinará vista y manos.
- Otros estímulos agradables para el niño son: cosquillas, caricias, contacto de la piel de la madre con la suya.

¿PARA QUÉ SIRVE EL JUEGO?

No sólo para divertirse. Es una herramienta clave por ser la actividad más importante en la vida del niño:

- Descubre el mundo que le rodea y su funcionamiento.
- Desarrolla su inteligencia y sus habilidades motrices.
- Se relaciona con las demás personas.
- Aprende las reglas de las relaciones humanas.
- Desarrolla vínculos afectivos.
- Se relaja, disfruta, goza, ríe, imita, etcétera.
- Demuestra sus emociones.
- Recibe afecto, tiempo de calidad y atención.

¿CÓMO SE SABE QUÉ DEBE HACER UN BEBÉ EN CADA EDAD?

A continuación se describen algunas características del desarrollo del bebé y el niño en cada área y etapas, para conocer su progreso natural. Esto se basa en las investigaciones sobre desarrollo infantil de autores como Gesell (2006) y Piaget (2000). Recuerda que cada bebé y niño es único y no necesariamente cumplirá con estas características o logros en el momento preciso en que aquí se presenta. Sin embargo, esta información identifica características particulares del desarrollo y a partir de esto es posible seleccionar las actividades de estimulación correctas.

¿CÓMO PREVENIR ACCIDENTES SI TENGO UN BEBÉ EN CASA?

Conforme continúa su desarrollo y se vuelve más activo, tendrá más contacto con objetos: los toma, chupa o tira al suelo. Por lo tanto, está más expuesto a gérmenes, bacterias y enfermedades en general. Su enorme curiosidad le invita a explorar todos los rincones de la casa y la calle, por lo que está más expuesto a sufrir accidentes. Es importante adoptar algunas medidas de seguridad:

- Utiliza protectores para todos los enchufes a la altura del bebé.
- Si hay escalones dentro o fuera de la casa, pon barandales o rejillas para evitar caídas.
- Es importante no dejar líquidos o comidas calientes cerca del bebé, ni en el filo de la mesa o estufa ya que podría jalarlos y quemarse.
- Tampoco lo dejes solo en el baño o cerca de contenedores de agua.
- No permitas que gatee en la cocina.
- Asimismo, conserva medicinas y productos de limpieza en lugares seguros, alejados de su alcance.
- Tampoco le des comida difícil de masticar, puede atragantarse.

RESUMEN DEL DESARROLLO POR ETAPAS, SEÑALES DE ALARMA Y RECOMENDACIONES DE ESTIMULACIÓN ADECUADA

A continuación aparece la información resumida sobre cambios en las diferentes áreas del desarrollo de acuerdo con la edad del bebé o niño. Asimismo, encontrarás las señales de alarma que debes considerar para buscar ayuda de especialistas si se presentan; y las recomendaciones sobre cómo favorecer la estimulación y ejemplos de actividades de acuerdo con la edad y momento del desarrollo del bebé.

Tabla 2. Primer mes

Desarrollo motriz	Desarrollo sensorial (vista)	Desarrollo cognitivo	Desarrollo social y emocional	Desarrollo de lenguaje
• Prefiere la posición fetal. • Intenta levantar la cabeza acostado boca abajo. • Presenta movimientos involuntarios o reflexivos de los músculos. • Reflejo de Moro (de sobresalto): se asusta espontáneamente; más común acostado sobre la espalda. • Reflejo de búsqueda: reacción automática, cuando se le acaricia la mejilla, el bebé gira la cabeza y succiona. Tiende su mano doblada (empuñada). • La mayoría de los movimientos son involuntarios.	• Su visión todavía es borrosa. • Pueden ver mejor las cosas cuando están a una distancia de 20-25 cm. • Mira vagamente a su alrededor.	• Aprende a confiar en los padres a causa de sus pacientes respuestas. • Está muy alerta y callado durante una de cada diez horas.	• Sonríe mientras duerme. • Acomoda su cuerpo con el de quien lo carga. • Reconoce la voz de sus padres. • Puede distinguir las voces familiares de otras. • Todavía no tiene un horario fijo para comer, dormir y despertar.	• Llora y grita mucho.

Algunas señales de peligro son:	Para complacer al bebé en esta etapa se puede:	Actividades de estimulación adecuada:
• Que no coma. • Que ensucie pocos pañales. Debe usar 6-8 pañales desechables; 8-10 de tela en un período de 24 horas. • Que no mueva mucho brazos ni piernas, que permanezcan muy duros o flácidos. • Que no muestre ningún parpadeo cuando hay mucha luz cerca de sus ojos. • Si nunca responde a sonidos muy fuertes. • Si mueve constantemente la mandíbula inferior (no sólo cuando está emocionado, con frío o llorando). • Si tiene una temperatura mayor a 37.8 °C.	• Amamantarlo y cargarlo en brazos. • Caminar y mecerlo. • Poner música con sonidos simples. • Poner sonidos como los del reloj. • Tener contacto con su piel mediante masajes suaves. • Darle de comer cuando quiera. • Cantarle y hablarle. • Establecer contacto visual ojo a ojo.	• Platicar con el bebé describiendo lo que sucede a su alrededor. • Jugar a que le ponga atención a las cosas y sonidos que le agradan. • Buscar juguetes y objetos cotidianos con diferentes colores y texturas y ver cuál prefiere.

Tabla 3. Segundo mes

Desarrollo motriz	Desarrollo sensorial (vista)	Desarrollo cognitivo	Desarrollo social y emocional	Desarrollo de lenguaje
• Brazos y piernas se relajan y mueven con más fluidez mientras los reflejos involuntarios disminuyen. • La cabeza todavía está endeble pero puede levantarla hasta 45° brevemente cuando está boca abajo. • Empieza a soltar las manos y a moverlas. • Puede agarrar un juguete suave en sus manos por algunos segundos.	• Puede seguir objetos en movimiento con los ojos. • Mira las manos cuando pasan frente a sus ojos.	• Aumenta su confianza. • Hace asociaciones y espera reacciones constantes (por ejemplo, espera ser alimentado). • Se estresa si sus necesidades no son satisfechas. • Puede distinguir entre personas, objetos, y sonidos.	• Sonríe. • Entiende y responde a los estados de ánimo de los padres. • Mantiene contacto visual y le gusta ver las caras. • Le gusta que lo carguen, grita si lo dejan solo.	• Puede murmurar cuando se siente bien.

Algunas señales de peligro son:	Para complacer al bebé en esta etapa se puede:	Actividades de estimulación adecuada:
• Que no responda o no sonría al hablarle, como si no escuchara el sonido de la voz. • Que no esté interesado en sus propias manos. • Si tiene una temperatura de 38.3°C.	• Amamantarlo. • Darle masajes. • Ponerle música. • Enseñarle juguetes de colores brillantes. • Tener contacto con la piel de mamá.	• Ofrecer al bebé objetos distintos para que los observe y los tome entre sus manos. • Juegos en los que te puedas mover o desplazar objetos interesantes hacia adelante y hacia atrás para que el bebé los observe. Primero utilizará sus ojos para seguirlos. Con el tiempo, moverá su cabeza de un lado a otro. Esto ayuda a fortalecer los músculos de su cuello y a ejercitar habilidades visuales.

Tabla 4. Tercer mes

Desarrollo motriz	Desarrollo sensorial (vista)	Desarrollo de lenguaje
• Puede rodar de un costado a otro sobre su estómago. • Tiene movimientos fluidos de brazos y piernas. • Puede sostener el peso en las piernas por un rato. • Estando acostado boca abajo, levanta la cabeza hasta por 10 segundos. • Se sienta con apoyo. • Empieza la fascinación con sus manos: juega con ellas y succiona los dedos. • Las manos se empiezan a abrir conforme el reflejo de prensión disminuye: puede tomar los juguetes por más tiempo. • Intenta alcanzar los juguetes. • Investiga su propio cuerpo con las manos (especialmente la cara y boca).	• Sonríe fácilmente. • Empieza a reírse. • Usa los gritos para comunicar sus necesidades.	• Empieza a reírse (es posible que suene forzada). • Hace sonidos de vocales. • Grita en voz alta; le gusta el sonido de su propia voz.

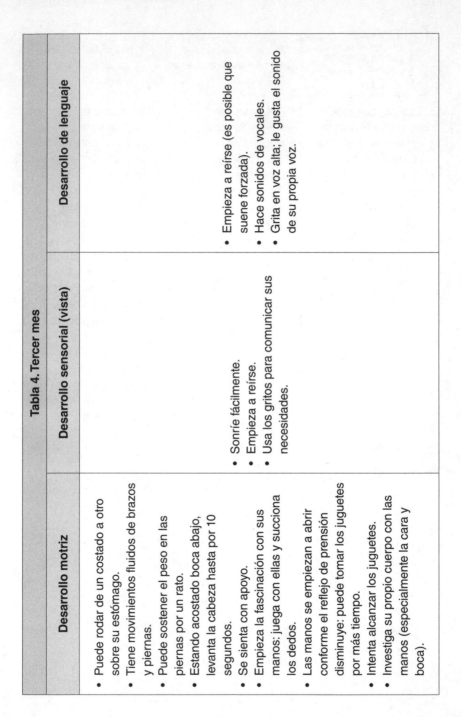

Algunas señales de peligro son:	Para complacer al bebé en esta etapa se puede:	Actividades de estimulación adecuada:
• No sigue (con los ojos) un objeto en movimiento cerca de su cara. • No alcanza ni toma los juguetes. • No sonríe a la gente. • No sostiene la cabeza.	• Amamantarlo. • Tener contacto físico. • Jugar con sonajas e intentar tomar juguetes. • Interacción cara a cara con los cuidadores.	• Participar en interacciones con gestos. Por ejemplo, sostener un objeto interesante, estimular al bebé para que lo alcance y luego pedirle que lo devuelva. Continuar haciéndolo si al bebé le gusta. • Pasar un juguete a la vez para que el bebé se concentre y explore cada uno de ellos, por ejemplo un sonajero pequeño y un libro de cartón con imágenes.

Tabla 5. Tres a seis meses

Desarrollo motriz	Desarrollo sensorial	Desarrollo cognitivo	Desarrollo social y emocional	Desarrollo de lenguaje
• Se mantiene sentado apoyándose sobre algo. • Controla los movimientos con más facilidad, toma objetos y se los lleva a la boca. • Puede sostener más la cabeza, poco a poco, y girarla de un lado a otro. • Mueve brazos y piernas, manotea con los objetos a su alcance, tanto boca abajo como boca arriba. • Al estar boca abajo, levanta la cabeza y el pecho, y la parte superior del cuerpo con los brazos. • Cuando está boca arriba, estira las piernas y patea.	• Puede distinguir las cosas de diferentes colores. • Le gusta mirar, chupar y tocar los juguetes. • Le gustan los juguetes de diferentes formas, texturas, colores, y que tengan sonidos. • Le llaman la atención las voces conocidas, por lo que puede girar la cabeza hacia ellas.	• Responde a su nombre.	• Empieza a mostrar una sonrisa social. • Es expresivo y se comunica más con la cara y el cuerpo. • Va reconociendo a personas cercanas y sonidos humanos; responde con sonrisas. • Disfruta que le sonrían, lo acaricien, lo alcen, estar en brazos, ya que es sensible al tacto y responde con diferentes sonidos y balbuceos.	• Empieza a balbucear y a imitar algunos sonidos. • Al inicio del tercer mes hace sonidos guturales y vocálicos que duran de 15 a 20 segundos.

Tabla 5. Tres a seis meses

Desarrollo motriz	Desarrollo sensorial	Desarrollo social y emocional	Desarrollo de lenguaje
• Abre y cierra las manos. Después de los cinco meses tiene más facilidad para tomar los objetos. • Cuando los pies están sobre una superficie firme, empuja hacia abajo con las piernas. • Se lleva las manos a la boca. • Trata de tomar con las manos los objetos que cuelgan. • Le encanta empezar a girar y observar todo lo que lo rodea. • Empieza a usar en forma coordinada las manos y los ojos.	• Le asustan los sonidos o ruidos demasiado fuertes. • Reconoce objetos y personas familiares a distancia. • Sigue los objetos que se mueven.	• Al escuchar voces conocidas las reconoce, por lo que se siente tranquilo y seguro. • Empieza a aprender a calmarse. • Le llama la atención su imagen en los espejos. • Observa atentamente los rostros.	• A los tres meses aparece el balbuceo o lalación, que consiste en la emisión de sonidos de sílabas como "ma...ma", "ta...ta" y otras.

Algunas señales de peligro son:	Actividades de estimulación adecuada:
• Que no responda a los sonidos a su alrededor. No gira su cabeza para ubicar algún sonido antes de los cuatro meses. • Si no balbucea al final de esta etapa. • Si no se lleva objetos a la boca. • Si cuando se le apoya con los pies sobre una superficie firme, no ejerce presión hacia abajo. • Si no sonríe en forma espontánea antes de los cinco meses. • Si se nota excesivamente flojo y no sostiene un poco su peso sobre sus piernas hacia los seis meses. • Si no sostiene su cabeza cuando lo sientas. • Si sólo intenta alcanzar objetos con una mano. • Si no muestra afecto hacia las personas que lo cuidan y no disfruta estar con gente a su alrededor. • Si no se ríe o grita a los seis meses.	• Cuando el bebé balbucea, hablarle y balbucearle, imitando sus sonidos, como si se entablara una plática. Estas conversaciones tempranas le enseñarán cientos de palabras antes de que realmente pueda decirlas. • Acostar al bebé sobre su espalda y sostener juguetes de colores brillantes sobre su pecho para que estén a su alcance. Le encantará alcanzarlos y acercarlos, y podrá identificar cuáles le interesan más. • Colocar al bebé en diferentes posiciones, sobre su espalda, estómago y sentado con apoyo. Cada posición le brinda la oportunidad de una perspectiva diferente y una oportunidad para moverse y explorar de distintas maneras.

Tabla 6. Seis a doce meses

Desarrollo motriz	Desarrollo sensorial	Desarrollo cognitivo	Desarrollo social y emocional	Desarrollo de lenguaje
• Toma conciencia de su cuerpo y de lo que puede hacer con él. • Sus movimientos adquieren más firmeza y coordinación. • Sostiene los objetos con todos los dedos y los pasa de una mano a otra. • Si lo colocamos boca abajo, el bebé es capaz de voltearse solo. • Logra sentarse sin ayuda e inclinarse hacia adelante sin caerse cuando se encuentra en esta posición.	• Observa con interés todo lo que lo rodea. • Contempla su reflejo en el espejo. • Le gustan determinados colores. • Puede mirar fijamente objetos pequeños. • Ya no sólo reconoce su nombre, sino también el de sus familiares.	• Empieza a comprender cómo se usan los objetos. Por ejemplo, para qué se utiliza el cepillo, una taza, etcétera. • Explora golpeándolos o agitándolos.	• Descubre que es un ser independiente de la madre. • El distanciamiento de la mamá provoca ansiedad por lo que llora cuando ella se va. • Poco a poco se vuelve más afectuoso, incluso dará besos si se le anima a hacerlo. • Disfruta imitando gente.	• Comienza a entender el significado de sí y no. • Intenta copiar lo que decimos, y poco a poco va comprendiendo nuevas palabras. • Abre y cierra la mano cuando quiere algo. • Los primeros balbuceos, poco a poco se convierten en palabras simples como papá y mamá.

Tabla 6. Seis a doce meses

Desarrollo motriz	Desarrollo sensorial	Desarrollo social y emocional	Desarrollo de lenguaje
• Estando boca abajo hace movimientos para arrastrarse. • Trata de alcanzar objetos cercanos a él estirándose. • Empieza con el gateo. • Hacia el final del primer año, logra ponerse de pie y permanecer en equilibrio unos instantes.	• Gira la cabeza en la dirección hacia donde provienen los sonidos.	• Comienza a comprender que su cuerpo también sirve para comunicarse y representa las cosas que quiere o necesita a través de gestos. Hacia los nueve meses, señala lo que quiere y se despide moviendo las manos.	• A partir de los 10 meses entenderá preguntas sencillas como "¿Quieres tomar algo?", a lo que responderá asintiendo o negando con la cabeza.

Algunas señales de peligro son:	Para complacer al bebé en esta etapa se puede:	Actividades de estimulación adecuada:
• Que no utilice las dos manos. • Que no pueda darse vuelta al estar acostado en el suelo. • No imita ninguno de los gestos que observa. • No se mantiene sentado sin ayuda. • No emite ningún sonido. • No dirige la mirada hacia el sonido. • No toma los objetos ni muestra curiosidad. • No sostiene objetos con las manos. • Parece que no entiende lo que se le dice. • No intenta comer solo. • Realiza movimientos repetitivos sin una finalidad determinada.	• Darle juguetes variados. • Permitirle alcanzar objetos cercanos a él estirándose. • Hablarle despacio, describiéndole acciones de manera simple y corta, haciendo pausas. • Imitar y repetir lo que dice. • Cantar canciones y rimas.	• Que utilice su cuerpo para obtener lo que quiere. Si quiere el juguete que está fuera de su alcance, no se lo des. Ayúdalo a obtenerlo por sí mismo al acercarlo lo suficiente para que lo tome. Esto fortalece su confianza. • Comunicarse con el bebé a través de palabras y gestos. Si quiere alcanzar un libro, pregúntale: "¿Quieres ese libro?" Espera hasta que responda y luego entrégaselo. Ve qué hace con él y únete al juego sin tomar el control. Estas "conversaciones" aumentan su desarrollo general, social, emocional, verbal, intelectual y hasta motor. • Crear un ambiente con juguetes seguros de explorar. Asegúrate de que todo lo que el bebé use y lo ayude para levantarse sea firme. • Deja que el bebé juegue con sus dedos y explore al comer. A medida que crezca, que manipule la comida con sus manos y ayúdalo a sostener la cuchara. • Ayudar al bebé a manejar sus sentimientos. Consuélalo cuando llora, dile que sabes cuánto está frustrado y ayúdalo a calmarse para intentarlo nuevamente. • Jugar a las escondidas. Este tipo de juegos ayudan al bebé a superar la separación y a sentirse seguro de que siempre regresarás; ayuda a desarrollar el autocontrol.

Tabla 7. 12 a 36 meses (uno a tres años)

A partir del segundo año de vida el ritmo de crecimiento del niño es más lento y gradual. Durante los primeros 12 meses, la mayoría de los bebés crece 25 cm y triplican el peso con que nacieron; durante el segundo año crecen unos 12 cm, y a partir de los 24 meses, entre 5 y 6 cm cada año.

Desarrollo motriz	Desarrollo sensorial	Desarrollo cognitivo	Desarrollo social y emocional	Desarrollo de lenguaje
• Sus brazos y piernas se alargan, su nariz crece y le salen más dientes. • Al cumplir el año, la mayoría de los niños comienzan a caminar. Al principio, con la ayuda de un adulto o sosteniéndose de un mueble; después conseguirán hacerlo sin ayuda.	• Todos los sentidos están desarrollados al máximo. • Todas las percepciones las integra con su coordinación motriz y cognitiva. • Diferencia los alimentos que le agradan de los que le desagradan.	• Señala partes de su cuerpo. • Entiende diferencias de significado, por ejemplo, parar y empezar; arriba y abajo. • Cualquier actividad, ya sea un juego, una conversación o una tarea, se convierte en una oportunidad para aprender y desarrollar su inteligencia.	• Distingue entre "tú" y "yo" y se refiere a sí mismo por su nombre. • Muestra u ofrece juguetes a los adultos. • Entre los dos y tres años se muestra cada vez más independiente de la madre y el padre. Quiere hacerlo todo sin ayuda gracias a sus avances en las habilidades motoras. • Demanda mucha atención. • Disfruta que le aplaudan y repetirá los comportamientos que produzcan respuestas que lo reconforten. • Busca a los adultos cuando lo dejan solo.	• Las primeras palabras que pronuncia son para nombrar a sus padres, hermanos, objetos cercanos o la comida. • Entiende y responde apropiadamente a palabras e instrucciones sencillas.

Tabla 7. 12 a 36 meses (uno a tres años)			
Desarrollo motriz	**Desarrollo cognitivo**	**Desarrollo social y emocional**	**Desarrollo de lenguaje**
• Cuando empieza a caminar lo hace con las piernas separadas y los pies apuntando hacia afuera. Esto hace que se balancee de lado a lado, por lo que pierde fácilmente el equilibrio. • Poco a poco, y tras muchas caídas, aprende a caminar con las piernas más juntas, colocando los pies paralelos, dando pasos más cortos y utilizando los brazos para equilibrarse. Posteriormente podrá hacerlo sin utilizar las manos. • Aprende a ponerse de puntillas, empujar juguetes y tirar de ellos, agacharse para recoger un objeto del suelo, subir y bajar escaleras, y bailar.	• Su concentración aumenta, puede mantener la atención en sus juegos por periodos cada vez más largos. • Observa e imita acciones cada vez más complejas, se reconoce en el espejo y encuentra objetos escondidos. • Desarrolla su inteligencia a través de ensayo y error, haciendo variaciones a lo que ha aprendido. Por ejemplo, pasa el cepillo por el pelo de su muñeco. • A partir de los dos años es la etapa en que pregunta a menudo: "¿Por qué?" pues quiere saber cómo funcionan las cosas.	• Se siente más tranquilo si puede ver a su mamá o papá mientras explora. • Arroja objetos al suelo para que sus padres interactúen con él. • Le gusta jugar con otras personas y tal vez llore cuando el juego termina. • Expresa muchas más emociones y comienza a reconocer los sentimientos de los demás. • Puede tener miedo de la oscuridad y de los extraños. • Su comportamiento varía de acuerdo con las reacciones emocionales de sus padres. • Se vuelve posesivo con los juguetes y puede esconderlos de sus hermanos u otros niños.	• Uno de los grandes logros del niño en su segundo año de vida es el desarrollo del lenguaje. Entiende casi todo y aprende a expresarse de forma comprensible, utilizando cada vez más palabras. • Al final de este segundo año, la mayoría de los niños utiliza entre 20 y 50 palabras, aunque puede haber diferencias de un niño a otro. • En este periodo empiezan a expresar ideas mediante frases sencillas: "Quiero agua," "A comer."

Tabla 7. 12 a 36 meses (uno a tres años)		
Algunas señales de peligro son:	Para complacer al bebé en esta etapa se puede:	Actividades de estimulación adecuada:
• Si el niño no pregunta, está ensimismado y repite un juego de forma reiterada, sin cambiar a otro. • Si fracasa en todo lo que intenta o no inicia actividades. • Si no hace "juegos de imitación" o no muestra interés por las personas. • Si no aprende a caminar. • Si no aprende a hablar.	• Inventar juegos nuevos. • Ponerle retos para mejorar sus movimientos. • Contarle cuentos. • Enseñarle a dibujar. • Representarle obras de teatro con títeres o juguetes. • Hacerle cosquillas.	• Contar historias o leer un cuento con el niño pequeño. Esto le ayuda a aprender nuevas palabras y conceptos y a desarrollar el amor por los libros y la lectura. • Ofrecer juguetes que representen objetos en el mundo del niño, como una cocina de juguete con comida de plástico o un teléfono de juguete. Juega con él, ayúdalo a desarrollar sus propias historias, dejando que él sea el director. Recuerda que los animales son personajes agradables para los niños. • Dar al niño objetos diferentes y observar cómo los utiliza. • Bríndar cubos de madera y bloques para construir cosas. • Darles objetos y juguetes con los que puedan crear juegos imaginativos y jugar con ellos. Por ejemplo, títeres o muñecos. Aprenderá mucho acerca de sus pensamientos y sentimientos. • Los materiales para dibujar constituyen buenas opciones para los niños de esta edad, ya que desarrollan su creatividad y fortalecen sus músculos, que utilizará posteriormente para escribir. • Convertir un paseo en una oportunidad para aprender. Señala los perros grandes y pequeños en el parque. Este aprendizaje hace que las ideas y conceptos nuevos se queden en la mente. • Juegue juegos que incluyan instrucciones y vea cuántas puede seguir.

Resumen de los logros generales esperados por edad
0-3 meses

- Levanta la cabeza acostado boca abajo.
- Sigue los objetos con la mirada.
- Reconoce a su mamá o cuidador.
- Logra un movimiento fluido de brazos y piernas.
- Mira los rostros a su alrededor.

3-6 meses

- Balbucea.
- Puede mantener su cabeza firme, postura simétrica y manos abiertas.
- Juega con sus manos.
- Empieza a usar en forma coordinada manos y ojos.
- Responde a la música y vuelve la cabeza en dirección a los sonidos.
- Sonríe.

6-12 meses

- Come otros alimentos además de la leche materna.
- Se rueda. Estando boca arriba se pone boca abajo y viceversa.
- Pasa objetos de una mano a otra.
- Se arrastra.
- Toma, transfiere y manipula objetos.
- Se sienta solo sin apoyo.
- Gatea.
- Laleo o vocalizaciones.

12-36 meses

- Permanece en equilibrio de pie.
- Aprende a caminar.
- Toma líquidos en una taza.
- Dice el nombre de las cosas.
- Identifica las partes del cuerpo.
- Hace trazos sencillos con la crayola.
- Sube y baja las escaleras.
- Aprende a vestirse y desvestirse.
- Cambia las páginas de un libro.
- Corre.
- Construye torres.
- Dice frases sencillas.

Tabla 8. Resumen de desarrollo

Edad	Desarrollo motriz	Desarrollo cognitivo	Lenguaje	Social	Sexual
0-1 mes	• Movimientos reflejos. • Sostiene la cabeza dos segundos. • Sostiene un objeto por el reflejo de la prensión.	• Se adapta a nuevas situaciones.	• Se comunica por medio del llanto. • Emite diferentes tipos de llanto.	• Empieza a reconocer a su madre por el olfato, el sabor de la leche y la voz.	• Le agrada ser acariciado. • Le agrada el contacto físico.
2-4 meses	• Sostiene la cabeza hasta por 10 segundos. • Da manotazos hacia los objetos. • Levanta la cabeza estando boca abajo.	• Repite acciones que le producen placer. • Mejora su capacidad para seguir objetos.	• Emite vocalizaciones.	• Se emociona ante objetos y personas desconocidas.	• La boca es una zona placentera a través de la cual satisface sus necesidades de succión.
4-6 meses	• Se rueda, se mantiene sentado con apoyo. • Puede alcanzar objetos al aproximarse con una mano.	• Aparece la intención de tomar algún objeto determinado. • Repite acciones.	• Balbucea.	• Sonríe a personas desconocidas.	• Disfruta las cosquillas.

Edad	Desarrollo motriz	Desarrollo cognitivo	Lenguaje	Social	Sexual
6-9 meses	• Se sienta solo, cambia de posición sin ayuda. • Se arrastra boca abajo.	• Trata de desplazarse para tomar un objeto.	• Imita patrones de entonación.	• Reconoce a sus familiares. • Llora ante personas extrañas.	• Lleva objetos a la boca como forma de conocimiento.
10-12 meses	• Gatea, se para con ayuda. • Empieza a caminar tomado de la mano.	• Imita acciones. • Destapa cajas. • Busca lo que desea. • Usa estrategias conocidas para lograr algo.	• Predomina el lenguaje no verbal, usa gestos, señas. • Pronuncia sílabas.	• Se lleva una cuchara a la boca. • Se quita los calcetines. • Quiere comer solo.	• Empieza a señalar partes del cuerpo al oír su nombre.
12-18 meses	• Sube y baja las escaleras gateando y parado. Sus presiones finas son en pinza. • Entiende instrucciones sencillas.	• Apila objetos.	• Empieza el uso de palabras.	• Juega "escondidillas". • Coopera al ser vestido. • Usa la taza y la cuchara.	• Señala las partes del cuerpo de otras personas. • Reconoce a su familia.

Edad	Desarrollo motriz	Desarrollo cognitivo	Lenguaje	Social	Sexual
18-24 meses	• Corre sin caerse. • Alterna los pies al subir las escaleras. • Brinca en su lugar. • Patea una pelota.	• Garabatea con el lápiz. • Aparea objetos similares. • Ve libros con atención.	• Usa una o dos frases para pedir algo.	• Come solo. • Se quita la ropa. • Se lava y seca las manos con ayuda.	• Sabe el nombre de algunas partes de su cuerpo. • Identifica señales de sus esfínteres.
24-30 meses	• Camina de puntitas. • Mueve cada dedo de forma independiente.	• Hace torres de seis o siete objetos. • Imita trazos circulares. • Distingue entre uno y muchos.	• Repite frases. • Usa plurales.	• Busca ser independiente. • Pregunta dónde están las cosas. Sabe el lugar de algunas cosas y puede llevarlas y guardarlas.	• Controla esfínteres. • Explora y nombra sus órganos sexuales.

CAPÍTULO 4
Los cuidados del bebé

Nutrición y salud

¿ES VERDAD QUE LOS BEBÉS SÓLO DEBEN TOMAR LECHE MATERNA?

Sí. El mejor alimento para el recién nacido es la leche materna. Se recomienda dar pecho al menos hasta los seis meses. Es decir, lactancia materna exclusiva durante esos meses. A partir de entonces se deben incluir poco a poco alimentos sólidos.

La leche materna es de fácil digestión y absorción y se adapta al desarrollo del bebé. Además aporta el equilibrio nutritivo ideal para el bebé, ayudándole a combatir infecciones y alergias.

Aunque dar pecho tiene elementos instintivos y, en algunos casos, funciona de forma espontánea, muchas mamás dejan de hacerlo en los primeros días o semanas porque desconocen el proceso normal de la lactancia materna. Que el bebé pida frecuentemente, no significa que la leche materna no lo alimenta.

La mayoría de los lactantes puede amamantarse entre 8 y 12 veces al día pero es importante darle de comer al bebé a libre demanda, es decir, cada vez que lo pida.

¿CÓMO SABER SI ESTÁ ALIMENTADO ADECUADAMENTE?

Mediante un control de peso semanal. Se espera que aumente entre 100 y 150 g por semana.

En la medida en la que se alimenta al bebé a libre demanda, es decir, se le amamanta cada vez que lo pide, el bebé estará bien alimentado.

Sólo cuando la lactancia natural no es posible y se ha intentado de distintas maneras amamantar sin éxito y tras la adecuada orientación, es que se puede optar por una leche de fórmula. La más adecuada tiene una composición parecida a la materna. En ocasiones, los bebés rechazan el pecho materno debido a causas externas como: inclusión del biberón en la dieta, decisión de la madre de no amamantar o por cambios en el sabor de la leche.

Es importante que durante la lactancia la madre no consuma café, té, bebidas alcohólicas ni medicamentos (excepto los indicados por el médico) ya que pasan a la leche materna y dañan al bebé.

Al llegar a los seis meses, necesitan otros alimentos y bebidas, además de la leche materna, para cubrir sus necesidades nutricionales. A partir de este momento comen alimentos sólidos. Lo importante es que la leche materna continúa siendo una significativa fuente de nutrientes, particularmente cuando las madres amamantan mientras dan a sus bebés otros alimentos. Para la introducción paulatina de alimentos sólidos se deben considerar las diferencias de cada bebé como: peso, desarrollo, actividad y apetito. En esta primera etapa, conviene ofrecerle alimentos de textura suave (papillas) fáciles de digerir y elaborados a partir de un solo ingrediente. Generalmente se inicia con frutas y posteriormente verduras.

Alrededor de los siete meses pueden introducirse cereales (arroz, avena y maíz) y leguminosas en la dieta. Estos alimentos le proporcionan proteínas, vitaminas y minerales. Luego, a los 8 meses son capaces de asimilar proteínas más complejas como las de la carne. Se recomienda iniciar con pollo, es más fácil de digerir. Luego, a los nueve meses, el bebé ya mastica, por lo que podemos darle las frutas y verduras en trozos pequeños. Finalmente, hacia los 12 meses, su dieta incluye una variedad más amplia de alimentos como huevo, quesos, y muchas más frutas y verduras.

Conforme el bebé consume alimentos sólidos sus heces se vuelven más consistentes y su color varía en función del alimento. Por ejemplo, las grasas oscurecen el color de su deposición, mientras las verduras le dan uno diferente. El color de sus heces se torna un poco más marrón y su contextura más pastosa. El número de evacuaciones puede disminuir y su olor comienza a ser más fuerte.

Si sus heces son muy líquidas o con mucosidades, podría padecer una infección en el aparato digestivo y en este caso es mejor acudir con un pediatra.

Al cumplir el año su aparato digestivo completó su maduración. Esto quiere decir que ya está preparado para digerir la mayor parte de los alimentos que consumen los adultos. Es conveniente que a partir de esta edad los niños realicen cuatro comidas diarias distribuidas en desayuno, comida, merienda y cena, e incluir todos los grupos de alimentos (cereales, frutas, verduras, lácteos, carnes).

A esta edad les gusta meter las manos en el plato y comer con los dedos, hay que permitirlo en algunas ocasiones ya que es positivo para su desarrollo, ya se le enseñará a usar los cubiertos. Si introducimos algún alimento nuevo en su dieta, hay que hacerlo poco a poco. El éxito a la hora de introducirlo dependerá de cómo se lo presentemos. Si el niño lo rechaza es mejor esperar unos días y ofrecérselo más adelante.

Recomendaciones:

- Es mejor servir cantidades pequeñas y dejarlo repetir.
- No darle demasiada importancia a la cantidad que deje en el plato.
- Evitar comparaciones con otros niños que se comen todo, cada niño es diferente.

Es normal que el apetito del niño disminuya hacia la mitad del segundo año, debido a que su ritmo de crecimiento es más lento. Sin embargo, nuestro hijo estará bien alimentado si:

- Es alegre y activo.
- No se enferma seguido.
- Su crecimiento se mantiene (12 cm durante el 2° año y 5 o 6 cm por año a partir de los 24 meses).

¿CUÁNDO SE DEBE LLEVAR AL BEBÉ AL PEDIATRA?

Los pequeños requieren al menos una revisión mensual, además de mantener una estricta vigilancia en la aplicación de sus vacunas.

El cuidado de su salud es muy importante para prevenir cualquier enfermedad y reaccionar a tiempo. Además de sus revisiones periódicas, hay señales que nos indican cuándo el bebé requiere atención urgente:

- Si no succiona bien al amamantarlo y no cambia mucho de pañal. Se espera que en un día usen entre seis y ocho desechables o de ocho a 10 de tela.
- Si su temperatura rectal es mayor a 37.8 °C.
- Si no parpadea ante una luz muy brillante.
- Si no responde ante sonidos muy fuertes.
- Si muestra poco movimiento de piernas o brazos; si su cuerpo está muy tieso o flojo; si ha perdido tono muscular.

- Si su mandíbula inferior tiembla constantemente (cuando no está emocionado, con frío o llorando).
- Si tiene de seis a ocho evacuaciones sueltas (diarrea). Es importante no confundirlas con las evacuaciones normales, que son un poco sueltas.
- Si no responde o no sonríe al escuchar la voz de mamá.
- Si no sonríe a la gente.
- Si no intenta seguir (con los ojos) un objeto en movimiento cerca de su cara.
- Si no alcanza o toma los juguetes.
- Si no sostiene la cabeza.
- Si está pálido, ojeroso, irritable, llorón y sin apetito.
- Si pierde peso rápidamente.
- Si tiene fiebre, vómito o diarrea, o hay mucosidad en sus evacuaciones. Esto podría indicar alguna infección en el aparato digestivo.
- Si no balbucea antes de los cuatro meses, o lo hace sin imitar los sonidos que escucha.
- Cuando no responde a los sonidos a su alrededor, o no gira su cabeza para ubicarlos antes de los cuatro meses.
- No sonríe de modo espontáneo antes de los cinco meses.
- No muestra afecto hacia las personas que lo cuidan y no disfruta con gente a su alrededor.

- No sostiene su cabeza sentado alrededor de los seis meses.
- Si sólo intenta alcanzar objetos con una mano.
- Si al apoyar sus pies sobre una superficie firme no los empuja hacia abajo.
- No utiliza las dos manos ni es capaz de darse vuelta cuando está acostado boca abajo entre los seis y los 12 meses.
- No imita los gestos que observa ni emite sonidos después de los 10 meses.
- No es capaz de sentarse y mantenerse en esta posición sin ayuda después de los ocho meses.
- No chupa ni muerde objetos a los 6 meses.
- Tampoco muestra interés por los objetos ni los tira al suelo entre los seis y los 12 meses.
- No reconoce su nombre ni es capaz de expresar alegría cuando ve a otros niños de entre seis y 12 meses.
- No extiende los brazos para que lo levanten ni se desplaza de ningún modo entre los seis y los 12 meses.
- No intenta comunicarse con las personas que lo rodean a partir de los ocho meses.
- Si presenta irritabilidad o estado de ánimo decaído.
- Si tiene fiebre muy alta.
- Si ha ingerido alguna sustancia tóxica como detergente, alcohol, etcétera.
- Tiene tos persistente y no puede respirar bien.

- Presenta manchas o erupciones en la piel.
- Tiene una reacción alérgica a la picadura de algún insecto.
- Sufre caídas, golpes, quemaduras o cortes de gravedad.
- Si hay alteraciones al caminar. Por ejemplo, ya camina y repentinamente deja de hacerlo.
- Presenta convulsiones, es decir, contracciones repentinas, violentas e incontrolables que provocan movimientos violentos en brazos, cuerpo y piernas.

Sueño y autorregulación

¿LOS BEBÉS DEBEN TENER HORARIOS DE SUEÑO?

Dormir es una necesidad fisiológica para todos. En el bebé este proceso cambia conforme crece.

Cada uno tiene un patrón de sueño distinto. A los tres meses duerme más o menos cinco horas durante el día y más por la noche, aunque puede despertarse para comer. Si duerme toda la noche, comerá con más frecuencia durante el día. Algunos bebés empiezan a dormir toda la noche sólo cuando tienen cuatro meses de edad. Otros duermen la noche entera posteriormente.

Entre los seis y los 12 meses duermen aproximadamente de 12 a 13 horas diarias, aunque no de manera continua y hacia los 8 meses establecen un patrón de sueño más o menos regular. Es muy probable que lloren con frecuencia durante esta etapa, antes de irse a dormir o al despertarse. Esto se debe a que empiezan a independizarse de mamá y no les gusta que ella se aleje. Se empiezan a acostar cuando aún están despiertos.

¿EN QUÉ POSICIÓN SE DEBE ACOSTAR A LOS BEBÉS?

Boca arriba y dejarlo solo para que se duerma sin ayuda. Cuando se despierte por la noche, es posible que se vuelva a dormir sin ayuda; si llora, los padres deben esperar un par de minutos a ver si se duerme antes de verlo. Se puede acostar boca arriba y con la cabecita un poco de lado. Hay mayor peligro de muerte de cuna si se acuesta boca abajo. Es un tema controvertido que a algunas mamás les causa mucha angustia. Actualmente la norma mundial es acostarlo boca arriba.

¿QUÉ HAGO SI NO SE DUERME Y LLORA?

Un bebé con sueño ligero o sobresaltos constantes debido al reflejo de Moro por ruidos en la casa, o inmadurez de sus movimientos, quizá llore y se mueva, y esto posiblemente lo despierte. Él mismo se tranquilizará si tiene una manera de consolarse, quizá chupándose el dedo. También si se arropa más o incluso si se destapa y se le dejan los pies libres, sin que le aprieten calcetines o mamelucos. Es importante considerar el clima y las horas que ha dormido durante el día.

Para algunos es más difícil tranquilizarse. Acostarlo a la misma hora todas las noches le ayuda a calmarse, así como el silencio en casa. Los ruidos fuertes de televisión o radio no lo dejan dormir. Necesita tranquilidad y un ambiente emocional positivo para hacerlo tranquilamente.

¿QUÉ SE PUEDE HACER SI NO SE DUERME?

Para ayudarlo a relajarse se le puede dar un baño tibio, un masaje o mecerlo. Cantarle también lo tranquiliza. Lo mejor es que aprenda a dormirse de nuevo sin ayuda. Pero si llora varios minutos es hora de atenderlo, podría tener hambre, frío, estar mojado, tal vez necesite sentirse abrazado o incluso podría estar enfermo. Cuando te levantes a atenderlo, hazlo rápida y calladamente. No le des estímulo adicional. No hables ni juegues con él, ni siquiera prendas la luz. Debe aprender que la noche es para dormir.

¿QUÉ SE RECOMIENDA CUANDO TIENE ENTRE UNO Y TRES AÑOS PARA ESTABLECER UN HORARIO DE SUEÑO?

Cuando sea la hora de dormir, es recomendable colocar en la cuna el mismo muñeco suave o peluche, seguro para bebés, así aprenderá a relacionar el juguete con dormirse. Recuerda que antes del primer año no se recomienda que duerma con peluches ni juguetes. Puedes cantarle al bebé a la hora de dormir o leerle un cuento. Acuéstalo en la cuna antes de que se duerma completamente. Luego, quédate a su lado y dale palmaditas suaves. Esto ayuda a fijar un buen patrón de sueño.

Lo que hace durante el día le afectará por la noche: si se emociona demasiado, escucha gritos, vive en un ambiente de violencia, duerme con hambre, si pretenden dormirlo tras cenar alimentos que le proporcionan mucha energía, si está más de dos horas frente a la TV, entre otras cosas, quizá no duerma en toda la noche, y puede tardar varios días en volver al patrón normal de sueño.

Los bebés no siempre están despiertos aunque así parezca. Pueden gritar y hacer todo tipo de sonidos mientras duermen. Aunque despierten por la noche, sólo será por unos minutos. Pueden volver a dormirse sin ayuda.

Es importante ser pacientes y entender que su comportamiento no es arbitrario. Es un mecanismo de defensa para combatir temores e inseguridad. Poco a poco, su conducta se normalizará y establecerá un patrón de sueño más constante.

Entender estos patrones ayudará a los padres y cuidadores a adaptarse y descansar durante las noches, especialmente cuando el bebé acaba de nacer y requiere mayores cuidados.

Pañales y control de esfínteres

¿A QUÉ EDAD UN BEBÉ DEJA DE USAR PAÑALES?

Alrededor de los dos años, la mayoría están listos para controlar sus esfínteres y dejar de usar pañales. Los esfínteres son el músculo anular que abre y cierra el orificio de una cavidad del cuerpo para dar salida o retener una excreción.

Este proceso depende en gran parte de que sea capaz de reconocer las sensaciones que le indican que necesita ir al baño y controlarlas. Cuando el niño muestra interés de ir al baño por sí solo y dejar de usar pañal, se le puede llevar al baño con frecuencia. Una vez que entienda lo que sucede, se le puede dejar unas horas sin pañal y, poco a poco, aumentarlas.

Algunas conductas indican que el niño alcanzó cierta madurez. Por ejemplo, cuando está mojado y se jala el pañal o dice "pipi". Además, para un correcto control de esfínteres el niño debe saber dónde está el baño y contar con un lugar propio en él.

¿CUÁLES SON LAS PRINCIPALES RECOMENDACIONES PARA EL CONTROL DE ESFÍNTERES?

- No apresurarlo. Cada niño madura a su ritmo. Presionarlo sólo conducirá a frustración y dificultades.
- No amenazarlo, gritarle o castigarlo cuando no logra controlar los esfínteres.
- No ridiculizarlo en público, ante sus hermanos ni compararlo con otros niños más "adelantados".
- No forzarlo a usar el inodoro (la mayoría de los niños tienen miedo de caerse).
- No ponerle dificultades involuntarias como ropa difícil de manejar.

Algunas cosas que necesita un niño para controlar sus esfínteres son:

- Que sean respetadas sus iniciativas.
- Confiar en sus capacidades.
- Respetar los ritmos propios de su desarrollo.
- Sentirse "sostenidos" y "contenidos" por redes de seguridad afectiva con relaciones estables, continuas y cálidas.
- Ser acompañados en el desarrollo del sentimiento de eficacia y seguridad, siendo comprendidos.
- Poseer destrezas motrices que le permitan agacharse, girar, subir, bajar, saltar, etcétera.
- Tener habilidad para subir y bajar su pantalón o calzoncillo.
- Sentirse motivado y apoyado en el proceso.

Durante este proceso vivirá diferentes etapas para lograr el control de esfínteres como:

- Ensuciar el pañal y quedarse mojados, sin mostrar ningún interés por ello.
- Avisar que se hicieron cuando ya están sucios.
- Avisar mientras están evacuando sus esfínteres.
- Registrar la necesidad fisiológica y avisar antes.
- Tienen ganas, avisan y llegan al baño con control. Pueden esperar y desarrollan esa capacidad.

Otros datos importantes para tener en cuenta son:

- Por lo general, controlan primero de día y luego de noche.
- Por lo general, se controla primero la orina y luego las heces.
- Existe "el shock de la primera vez": entre la primera vez que deposita su pipi o excremento en la bacinica y las siguientes, pueden pasar una semana o varios meses.
- Las niñas logran primero ese control.
- El 90% de los niños controla esfínteres entre los dos y tres años sin necesidad de ser entrenados.
- Ante cualquier situación especial podrían darse retrocesos.
- Entre los pañales y la ropa interior existen calzoncillos de aprendizaje, útiles en este periodo de transición.

¿QUÉ IMPORTANCIA TIENE EL CONTROL DE ESFÍNTERES EN EL DESARROLLO DEL NIÑO?

Es un paso de suma importancia en el desarrollo mental, emocional y social del niño, un proceso con avances y posibles retrocesos. Se trata de la primera vez que el niño decide no dar libre curso a sus necesidades y hacerse cargo de la tensión que significa controlar. Además, entiende el mundo de los adultos para integrarse a él, aceptando que hay reglas y conductas básicas. El niño, al darse cuenta de sus necesidades, debe ser capaz de controlar sus esfínteres hasta que encuentre el lugar conveniente.

El control de esfínteres aumenta el interés por el conocimiento de su cuerpo y lo continúa explorando. Es parte natural del desarrollo. No se debe castigar al niño por explorar su cuerpo ya que es lo más normal y sano. No hay por qué transmitirle miedo y culpa.

Dentición

¿CÓMO VAN SALIENDO LOS DIENTES?

La dentición es el proceso de crecimiento y salida de los dientes, fase normal del desarrollo que generalmente empieza a partir de los seis meses. Sin embargo, en algunos bebés aparecen los primeros dientes entre los tres y seis meses.

Cuando empiezan a salir el bebé se muestra especialmente inquieto. Es importante que los padres de familia y cuidadores conozcan este proceso y le brinden apoyo.

Generalmente, los dos incisivos frontales inferiores (centrales de abajo) aparecen primero, regularmente a los seis meses. Después salen los cuatro incisivos frontales y laterales superiores (cuatro dientes centrales superiores). Aproximadamente un mes después, aparecerán los incisivos laterales inferiores (a los costados de los incisivos frontales inferiores). A continuación aparecen los primeros molares (las muelas al final de la boca que utilizamos para masticar la comida), y finalmente los colmillos. La mayoría tienen sus

20 dientes de leche (los primeros que aparecen) al cumplir su tercer año.

¿CÓMO SABER SI YA LE VAN A SALIR LOS DIENTES?

Las señales más comunes de que pronto aparecerán son:

- Encías hinchadas y enrojecidas.
- Salivación excesiva.
- Mejillas inflamadas.
- Tos ligera.
- Fiebre baja.
- El bebé muerde todo lo que puede llevarse a la boca.

¿CÓMO CALMAR SUS MOLESTIAS CUANDO LE SALEN LOS DIENTES?

Si se muestra incómodo o irritable, darle algo frío para chupar.

Algunas recomendaciones son:

- Darle un masaje (con el dedo limpio) en sus encías.
- Darle muchos líquidos, sobre todo si saliva en exceso.

¿CÓMO SE LAVAN LOS DIENTES DE UN BEBÉ?

Desde que aparecen, es importante limpiarlos dos veces al día con un cepillo suave especial o el dedo (limpio), en caso de que no se deje cepillar. Cuando ya sea capaz de escupir, empezaremos a utilizar un poco de pasta.

CAPÍTULO 5

El desarrollo de habilidades para la vida

¿QUÉ SON LAS HABILIDADES PARA LA VIDA?

Son destrezas y capacidades para estar mejor con uno mismo y los demás. Todas las personas las poseen y se desarrollan desde etapas tempranas. Permiten modificar la manera de actuar y así enfrentar positivamente las situaciones de la vida diaria aumentando el bienestar. Son útiles en cualquier edad. Si como papás las desarrollamos será más fácil enseñarlas a los hijos.

¿CUÁLES SON ESTAS HABILIDADES?

Autoconocimiento: habilidad que permite conocerse desde una perspectiva integral: con un cuerpo físico, un mundo interno de pensamientos y sentimientos, y capacidades de vincularse con otros y decidir cómo cuidarse y protegerse. Implica reconocer qué nos gusta y qué no, así como nuestras fortalezas y oportunidades para aceptarnos como somos y cambiar lo que deseamos. No olvidemos que antes de ser papá o mamá somos personas. Favorecer el autoconocimiento en los primeros años permite reconocerse como persona con gustos y características específicas.

Comunicación asertiva: se presenta de manera clara y directa, buscando el momento y la situación oportuna. Nos ayuda a establecer una relación estrecha con el bebé o niño, expresando las necesidades y pensamientos propios a la vez que les enseñamos a comunicarse asertivamente.

Empatía: reconocer, comprender y apreciar los sentimientos de los demás sin dejar a un lado emociones y pensamientos propios. Permite establecer una relación más cercana y de entendimiento con los demás, especialmente para entender las necesidades del bebé o niño y actuar de acuerdo con ellas, sin perder de vista las necesidades personales. En el niño permite aceptar que los otros, sean otros niños, mamá, papá, hermanos o familiares, son personas con sentimientos, pensamientos y necesidades.

Expresión y manejo de emociones: implica reconocer las emociones propias y las de los demás y reaccionar o actuar mediante su adecuada expresión. Es la capacidad para identificar las seis emociones básicas: alegría, ira, miedo, tristeza, aversión y sorpresa. Se deben considerar como una reacción física ligada con ideas y pensamientos específicos que se expresan mediante gestos o actos. También en el bebé y niño es la habilidad que le permite identificar qué siente y a qué se deben dichas emociones.

Manejo del estrés: observarse a uno mismo y reconocer cuándo tenemos una mayor tensión para actuar al respecto. Permite manejar la carga emocional que generan las actividades cotidianas y la interacción con los demás. Ayuda a regular las emociones de manera adecuada sin afectar la salud propia ni la interacción con el niño o los demás.

Toma de decisiones y solución de problemas: se elige entre las opciones o modos de acción para enfrentar diferentes situaciones. Permite responsabilizarse de lo que pasa con el niño encontrando las maneras de solucionar un problema. A su vez, en el niño favorece su desarrollo cognitivo con mayor independencia y capacidad para enfrentar las situaciones.

Pensamiento crítico: es pensar con base en hechos, datos y razonamientos que superan y resuelven problemas, mediante acciones enfocadas. Así se pueden analizar y descartar posibles mitos, creencias o pensamientos estereotipados en torno a diferentes circunstancias sobre el cuidado de los niños y las situaciones de la vida. En los niños desarrolla la capacidad analítica para ser más objetivos y usar información sustentada y actuar en consecuencia.

Creatividad: capacidad para imaginar y establecer nuevas ideas, soluciones u opciones. Ayuda a explorar vías diferentes para abordar situaciones cotidianas En los niños se expresa mediante imaginación, juegos y búsqueda de diferentes posibilidades.

Negociación: alcanzar acuerdos cuando hay opiniones o perspectivas diferentes, logrando un ganar-ganar. Permite encontrar opciones en que ambas partes, por ejemplo el niño y la mamá, obtengan lo que necesitan. Implica ceder y llegar a un arreglo cercano a lo que uno requiere.

¿POR QUÉ SON IMPORTANTES O PARA QUÉ SIRVE DESARROLLAR HABILIDADES PARA LA VIDA?

Como mamás, papás o cuidadores, las habilidades para la vida se convierten en herramientas para construir el proceso educativo de los hijos y mejorar la interacción con ellos desde etapas tempranas. En la medida en que se promueven estas habilidades en los niños, desde que son pequeños, se fortalecen sus recursos para enfrentar las situaciones desde sus propias capacidades y destrezas. Así se promueve la independencia y responsabilidad personal desde niños. Las habilidades para la vida ayudan a:

- Amar y ser amado.
- Reírse y enojarse.
- Decidir y ceder.
- Enfrentar y resolver problemas.
- Plantearse y enfrentar retos.
- Crecer y dejar crecer.
- Cuidar a otros seres y dejarse cuidar.
- Convivir con sus amistades.
- Compartir y competir.
- Defender y negociar.
- Expresar y escuchar.
- Pensar y sentir.

¿CÓMO DESARROLLAR LAS HABILIDADES PARA LA VIDA COMO MAMÁ, PAPÁ O CUIDADOR?

Algunas recomendaciones son:

- Para practicar el autoconocimiento es importante identificar qué nos gusta y disgusta, reconocer lo que somos capaces de hacer y lo que se nos dificulta; aceptarnos tal y como somos considerando que nadie es perfecto.
- Para practicar la empatía, imaginar cómo se siente el niño ante cierta situación y ponernos en su lugar;

preguntar a los demás qué piensan o cómo se sienten ante determinada circunstancia. Transmitir con una mirada interés y preocupación hacia el niño y manifestarle que se toma en cuenta su forma de sentir o pensar; observar y estar atento para identificar sus necesidades.

- Para practicar la expresión y manejo de emociones, identificar y ponerle nombre a las emociones: enojo, alegría, sorpresa, tristeza, etcétera; reconocer cuáles son las situaciones en las que uno se siente de esa manera y pensar en opciones respecto a lo que se necesita para expresarlas, comunicarlas y manejarlas sin lastimar o agredir a los demás, siendo claros.

- Para practicar la comunicación asertiva, escuchar atentamente al niño, observando sus expresiones y gestos. Preguntar y decir lo que uno piensa en el momento en que suceden las situaciones específicas; destacar en los mensajes aspectos positivos y de aceptación hacia lo que él hace. Decir las cosas que no son correctas para establecer límites claros sobre lo que no es correcto, sin estigmatizar al niño (ejemplo: "eres malo"); no gritar o agredir. Utiliza frases que empiezan con la palabra "yo", "a mí", en vez de decir "tú eres…" Por ejemplo: "A mí me gustaría que guardes tus juguetes", en vez de "Tú eres un desordenado."

- Para practicar la toma de decisiones, identificar soluciones y llevarlas a cabo; no dejar pasar el tiempo para actuar sino poner en marcha acciones en el momento. Recuerda que es más fácil actuar paso a paso.

¿CÓMO SE FAVORECEN LAS HABILIDADES PARA LA VIDA EN LOS PRIMEROS AÑOS DE VIDA?

Algunas recomendaciones para las etapas tempranas son:

- Para favorecer el autoconocimiento, guiar a los niños a reconocer su imagen corporal, viéndose al espejo, identificando las características de su cuerpo; que se dibujen y reconozcan cómo son, con cualidades distintas a las de otros; que identifiquen qué les gusta y qué no, como juegos, comida, colores, animales, etcétera; que integren su esquema corporal reconociendo su cuerpo, incluyendo los órganos sexuales.
- Para desarrollar la empatía, explicarle lo que uno siente y piensa en momentos específicos; decir cómo nos afecta lo que el niño hace. Darle ejemplos de lo que otros sienten o piensan ante ciertas situaciones.
- Para promover la expresión y manejo de emociones, enseña a los niños a identificar sus emociones, nombrándolas: enojo, alegría, sorpresa, tristeza, etcétera. Explícale al niño qué siente, como si estuviera

ante un espejo. Realicen actividades y juegos como dibujar caritas con diferentes expresiones que correspondan a su emoción. Enseñarle a identificar sentimientos en otros, contar cuentos y hacer juegos con animales relacionados con las situaciones que provocan diferentes emociones. Preguntarle qué siente y por qué; platicar cómo se siente uno y las razones de sentirse así.

- Para fortalecer la comunicación asertiva, considerar que los niños son asertivos por naturaleza y dicen lo que piensan y quieren. Es importante no caer en la trampa de guiarlos para que callen lo que piensan, mientan o cambien su mensajes para quedar bien con otros; o decir "si" cuando quieren decir "no". Respetar lo que siente y piensa el niño explicándole cómo comunicarlo sin herir a los demás. Conversa con ellos, pregunta qué hicieron; hagan representaciones de títeres, lo que les permitirá incrementar su vocabulario, expresar sentimientos y emociones.

- Para impulsar la toma de decisiones, preguntar qué quieren y fomentar que se responsabilicen de sus acciones y decisiones. Ya que desde pequeños deciden si comen o rechazan la comida, si quieren estar tapados o destapados, si desean que los carguen, los muevan, etcétera. Poco a poco decidirán con qué plato empiezan su comida, el color de su ropa, dónde quieren ir, a qué jugar, qué juguete les gusta más.

¿CÓMO LOGRAR QUE SEAN MÁS RESPONSABLES DESDE PEQUEÑOS?

La responsabilidad les permite tener la conciencia de lo que hacen con ellos y los demás, les da la posibilidad de cumplir y comprometerse con lo que hacen y sienten, proporcionándoles tranquilidad y confianza. Una característica de la responsabilidad es asumir los actos propios sin culpar a otros. Se trata de que los padres o cuidadores y niños sepan qué hacer y cómo en cada etapa de su vida; sin buscar excusas y aceptando las consecuencias de sus actos. Para que sean responsables es necesario que realicen pequeñas tareas que les permitan pensar en los otros y sentirse útiles, necesarios y apreciados.

Algunas sugerencias para fomentar la responsabilidad son:

- Actividades específicas de acuerdo con la edad.
- Darles instrucciones claras y precisas.
- Háblales sobre la importancia de cumplir con deberes, acuerdos y promesas.
- Enséñales a no dar excusas.
- Cuando cometas errores reconócelos y discúlpate.
- No mientas.
- Deja que tomen decisiones y asuman su responsabilidad.
- Permíteles hacer cosas por sí mismos, sin dejar de vigilarlos cuidadosamente.

¿CÓMO ENSEÑAR DISCIPLINA Y PONER LÍMITES?

Todos los niños necesitan límites, por ello es importante definir reglas en casa, dejar claro el sentido de las mismas y hablar de las situaciones en que se requerirá cierta flexibilidad. Desde los dos años e incluso antes, entienden qué se vale y qué no.

Algunas sugerencias para fomentar la disciplina y los límites son:

- Utiliza la disciplina de manera apropiada. Una firme pero cariñosa desarrolla en ellos mejores destrezas sociales.
- Guía sus actividades pero no actúes de manera autoritaria. Invítalo a reflexionar, analizar y tomar decisiones.
- Ofrece razones cuando pidas que hagan algo; puedes decir, "Por favor levanta esos juguetes para evitar que alguien se tropiece con ellos."
- Demuéstrales respeto aun cuando te hagan enojar. Juzga el comportamiento, no la persona. "Te quiero mucho pero no me gusta que te escondas cuando vamos al centro comercial pues es peligroso."
- Conserva una actitud positiva y alentadora. Sonrisas y elogios dan mejor resultado que castigos para moldear un buen comportamiento.

¿CÓMO CREAR AMBIENTES PARA DESARROLLAR HABILIDADES PARA LA VIDA Y DISCIPLINA?

Actuar como guías, dejando espacio para que por sí mismos desarrollen habilidades, movimientos, lenguaje, etcétera, propicia su desarrollo. Observarlos y aprovechar las situaciones específicas del momento crea ambientes en que ellos pongan en práctica habilidades y destrezas de acuerdo con algunas reglas. Por ejemplo, en el sitio destinado a jugar es importante guiar al niño para que, después de jugar, acomode las cosas, cuide los materiales, guarde un juguete antes de empezar con otro, limpie su mesa de juego, promoviendo disciplina, organización y responsabilidad. Es recomendable establecer reglas, qué se puede hacer en el espacio de juegos y qué en la mesa donde se come. Explícalo claramente. Ser congruente y enseñar con el ejemplo es la mejor manera de respetar acuerdos y asumir las consecuencias de las acciones.

Glosario

Actitud: predisposición a responder de manera determinada frente a un estímulo, tras evaluarlo positiva o negativamente.

Autonomía: capacidad para darse normas a uno mismo sin influencia de presiones externas.

Autoridad parental: efecto personal de la filiación: el padre y la madre establecen un vínculo con el infante para crear normas, cuidado, protección y educación.

Conciencia corporal: identificar y utilizar distintas partes del cuerpo y comprender sus funciones.

Esfínter: músculo anular que abre y cierra el orificio de una cavidad del cuerpo para dar salida o retener una secreción.

Expectativa: ilusión personal de realizar o conseguir algo.

Frustración: sentimiento desagradable en virtud del cual las expectativas del sujeto no se ven satisfechas al no conseguir lo que pretendía. Hay diferentes niveles de frustración y múltiples causas y consecuencias. El impacto de la frustración sobre el individuo depende de su personalidad, así como de numerosas variables, difíciles de controlar.

Iniciativa: comenzar algo, hablar u obrar por voluntad propia, adelantándose a cualquier motivación externa o ajena a uno mismo. Se llama iniciativa tanto a la facultad personal que inclina a una acción como al desarrollo de la misma.

Habilidades para la vida: (competencias psicosociales) aptitudes necesarias para tener un comportamiento eficiente y positivo que nos permita enfrentar eficazmente los retos cotidianos y hacernos cargo de las decisiones que afectan nuestra vida y nuestra salud.

Referencias

Athié, D. y Givaudan, M. (2010). *Yo quiero, yo puedo apoyar el desarrollo en la primera infancia 0-3 años*. Guía
para el promotor. México: Idéame.

Bowlby, J. (1982). *Attachment and Loss*. Vol. 1 Nueva York:
Basic Books.

Centro Nacional para Bebés, Niños y Familias. Cero a Tres
años. http:// www.zerotothree.org/about-us/areas-of-
expertise/free-parent- brochures-and-guides/

Gesell, A. (2006). *Diagnóstico del desarrollo normal y anormal del niño: Evaluación y manejo del desarrollo neu-
ropsicológico normal y anormal del niño pequeño y el
preescolar.* México: Paidós.

Givaudan, M., Beltrán, M. y Pick, S. (2006). *Yo quiero, yo
puedo: Material de apoyo para el docente de Prima-
ria*. México: Idéame.

Givaudan, M. y Pick, S. (2013). Children Left Behind: How
to Mitigate the Effects and Facilitate Emotional and
Psychosocial Development: Supportive community

networks can diminish the negative effects of parental migration. *Child Abuse & Neglect*, 37(12), pp. 1080-1090.

Givaudan, M. y Pick, S. (2014). Desarrollo infantil temprano. La importancia de los padres y el entorno familiar. En Santibáñez Martinez, L. y Calderón Martín del Campo, D. (Eds.). *Los invisibles. Las niñas y los niños de 0 a 6 años: Estado de la Educación en México*. Mexicanos Primero, México.

Givaudan, M., Ramón, J., Camacho, D. y Pick, S. (1997). *Multiplication of the family life and sex education program Yo quiero, yo puedo in marginalized areas of México City.* Report presented to the Foundation Compton. San Francisco, CA, EE. UU.

Gobierno del Estado de México. (2009). *Guía de Estimulación.*

Grantham-McGregor, S., Cheung, Y., Cueto, S., Glewwe, P., Ritcher, L., Strupp, B. y International Child Development Steering Group (2007). *Children development in developing countries 1: Developmental potential in the first five years for children in developing countries.* Lancet. Vol. 369, pp. 60-70.

Health Wrights Organization. (2006). *Estimulación temprana y actividades para el desarrollo.* Capítulo 35, pp. 301-318.

Instituto Nacional de Ciencias Médicas y Nutrición Salvador Zubirán. (2008). *Técnicas de Estimulación temprana dirigidas a madres de niños de un mes a cuatro* años de *edad*.

Piaget. J. y Inhelder, B. (2000). *Psicología del niño.* México: Morata.

Pick, S., Poortinga, Y. y Givaudan, M. (2003). Integrating intervention theory and strategy in culture-sensitive health promotion programs. En *Professional Psychology: Research and Practice*, 34 (4), pp. 422-429.

Prochaska, J., y Di Clemente, C. (1982). Transtheoretical therapy: toward a more integrative model of change. *Psychotherapy: Theory, Research and Practice*, Vol. 20, pp. 161-173.

Secretaría de Educación Pública. Subsecretaria de Servicios Educativos para el Distrito Federal. Dirección General de Educación Física. (1999). *Manual de Estimulación*. México: SEP.

Sroufe, A. (2000). *Desarrollo emocional.* México: Oxford.

UNICEF. Child Protection Factsheets. Recuperado el 3 de diciembre de 2007 de http://www.unicef.org/publications/files/Child_Protection_ Information_Sheets.pdf

Verduzco, I., Gómez-Maque, L., y Patiño, D. (2004). "La influencia de la autoestima en la percepción del estrés y el afrontamiento en niños de edad escolar". *Revista de Salud Mental*, 27 (4), pp. 18-25.

Vygostky, L. (1995). *Pensamiento y lenguaje*. Barcelona: Paidós.

Sobre las autoras

Martha Givaudan es doctora en Psicología especializada en crear estrategias educativas y de promoción de la salud y productividad basadas en investigación y evaluación científica, cuyo fin es eliminar las barreras psicosociales que limitan el desarrollo del potencial de cada persona. Cuenta con más de 50 artículos en revistas especializadas y más de 100 materiales educativos en rendimiento escolar y educación para la salud. Su trabajo se enfoca en edades desde la primera infancia hasta la edad adulta. Dirige el desarrollo y evaluación de programas de Yo quiero Yo puedo (IMIFAP: Instituto Mexicano de Investigación de Familia y Población, A.C.).

Delil Athié es maestra en Psicología con experiencia en el diseño e implementación de programas de prevención y promoción de la salud y educación. Su trabajo se enfoca a temas de salud materno-infantil y desarrollo infantil. Actualmente es líder de la operación general de los programas de Yo quiero Yo puedo (IMIFAP), organización de la sociedad civil con casi tres décadas de experiencia con la misión de diseñar y facilitar estrategias y programas para que cada persona desarrolle conductas que le permitan asumir el control de su vida.

Mi bebé y yo: 0 a 3 años, de Martha Givaudan / Delil Athié
se terminó de imprimir en abril de 2016
en los talleres de
Litográfica Ingramex, S.A. de C.V.
Centeno 162-1, Col. Granjas Esmeralda, C.P. 09810 México, D.F.